FOGO E FRAGRÂNCIA_

ANDY **BYRD** | SEAN **FEUCHT**

FOGO E FRAGRÂNCIA_

O GRANDE MANDAMENTO À GRANDE COMISSÃO

Tradução
Matheus Ortega

quatro ventos

quatro ventos

©Copyright 2010 Sean Feucht e Andy Byrd
Originalmente publicado nos EUA com o título *Fire and Fragrance: from the great commandment to the great commission*

Editora Quatro Ventos
Rua Liberato Carvalho Leite, 86
(11) 3746-8984
(11) 3746-9700

Copyright da edição brasileira ©2018 Editora Quatro Ventos. Edição publicada com permissão de Destiny Image Publishers, Inc. PO Box 310, Shippensburg, PA 17257 800-722-6774
www.destinyimage.com

Proibida a reprodução por quaisquer meios, salvo em breves citações, com indicação da fonte.

Todas as citações bíblicas e de terceiros foram adaptadas segundo o Acordo Ortográfico da Língua Portuguesa, assinado em 1990, em vigor desde janeiro de 2009.

Editor Responsável: Renan Menezes
Equipe Editorial:
Sarah Lucchini
Nilda Nunes
Diagramação: David Chaves
Capa: Big Wave Media

Todas as citações bíblicas foram extraídas da Almeida Revista e Atualizada (ARA), salvo indicação em contrário.

Bíblia Sagrada. Traduzida em português por João Ferreira de Almeida. Revista e Atualizada. Citações extraídas do *site*: http://www.sbb.org.br/conteudo-interativo/pesquisa-da-biblia/. Acesso em 15 de março de 2018.

1ª Edição: Abril 2018

Ficha catalográfica elaborada por Geyse Maria Almeida Costa de Carvalho – CRB 11/973

F422f Feucht, Sean

Fogo e fragrância: do grande mandamento à grande comissão/ Sean Feucht, Andy Byrd; Tradução de: Rafael Ortega, Matheus Ortega. - São Paulo: Comunidade Monte Sião, 2018.
226 p.

Título original: *Fire e fragance: from the great commandment to the great commission*

ISBN: 978-85-94450-01-2

1. Religião. 2. Literatura Religiosa. I. Byrd, And. II.Titulo.

CDD 230
CDU 23/28

SUMÁRIO

UM DIA COMUM 25

UMA BUSCA PELA PRESENÇA DE DEUS 39

UMA HERANÇA DE AVIVAMENTO 57

PERSPECTIVA DO CÉU 67

RESTAURANDO O TABERNÁCULO DE DAVI 77

NOVO SOM PARA UM NOVO DIA 97

O PODER DA PRESENÇA DE DEUS 109

LIBERANDO A FRAGRÂNCIA 123

COMUNIDADE AUTÊNTICA 135

AS ESCRITURAS TESTIFICAM 149

A HISTÓRIA TESTIFICA 159

URGÊNCIA E LEGADO 169

CARÁTER QUE SUSTENTA O AVIVAMENTO 177

DEIXE JEÚ CORRER 191

O DOM DA FOME 207

FOGO! 219

Dedicatória

Dedico este livro
- A meu pai, Christopher Feucht, pioneiro em missões. Humildemente sigo a valiosa herança e o legado que você deixou.
- A você, minha linda esposa, e o bebê da promessa que você está carregando. Amo vocês dois imensamente.

— Sean

Dedico esta obra
- Aos meus pais, Vernon e Valerie Byrd. É difícil imaginar um pai e uma mãe que acreditassem mais em seus filhos que vocês dois!
- A você, minha inspiradora e linda esposa, Holly, e aos nossos três pequenos do fogo, Asher, Hadassah e Rhema. Que o fogo em vocês queime muito mais forte que em mim!

— Andy

Juntos gostaríamos de honrar a todos os pais e mães, no céu e na Terra, que lutaram as batalhas, derramaram seu sangue, choraram suas lágrimas e pavimentaram o caminho para esta geração viver algo inédito nestes tempos.

Endosso

Líderes que movem a história articulam aquilo que já está, silenciosamente, ressoando na consciência coletiva das massas. Quando essa articulação é liberada, ossos se chocalham e grandes movimentos de pessoas começam a fazer a Terra tremer. Meu amigo Sean Feucht é um desses líderes. O dom de Deus sobre ele tem acendido a chama em uma geração criada para louvar, orar e praticar a justiça na Terra. Sean está acendendo sua luz, que está queimando para iluminar o mundo. A história desse jovem é verdadeiramente um sinal e maravilha às nações. Não leia este livro se você não quer ser um homem ou mulher do fogo.

Lou Engle
Cofundador e presidente do TheCall

Este é um grande livro, escrito por uma grande pessoa, e que tem uma grande mensagem. É uma palavra oportuna para os que estão buscando viver na convergência entre o céu e a Terra, entre o sagrado e o secular, entre nações e movimentos de oração e missão. Pegue-o, leia-o e ajude a espalhar o vírus!

Pete Greig
24-7 Prayer and Alpha International
Londres, Inglaterra

Este livro revela que a adoração é nosso maior instrumento e arma no Reino. Há uma mudança atmosférica que acontece na esfera terrena quando adoramos nosso Criador. Este livro nos mostra em primeira mão como o fogo e a presença do céu podem trazer uma unção sobrenatural, nos habilitando a espalhar a fragrância onde quer que formos! Obrigado Sean!

Beni Johnson
Pastor de Oração na Bethel Church, Redding, Califórnia
Autora de *The Happy Intercessor*

Se você gostaria de vislumbrar o futuro de missões mundiais, leia este livro! Do passado eterno ao interminável futuro Reino, a busca implacável e zelosa de Deus pelo coração do homem é a história de todas as eras. Ela alimenta nossa paixão ardente por Sua presença, nossa adoração e nossas missões. Sean e Andy são pessoas sérias, mensageiros de um novo modelo e de uma fase final da evangelização no mundo. Leia esta obra e se prepare para os próximos 10 a 20 anos, enquanto "musicossionários" introduzem os sons do céu em cada nação, uma após outra, desde o nascer do sol até que ele se ponha!

Charles Stock
Pastor Sênior, Life Center Ministries International
Harrisburg, Pensilvânia

Sean Feucht é um líder revolucionário que está ajudando a definir o DNA de um novo movimento no cristianismo. Tenho observado a vida deste homem e o que ele está levantando por intermédio de seu chamado de adoração, intercessão, missões e avivamento, e estou muito animado com este livro, pois ele é uma representação de sua própria vida. Este é um convite à ação, e este convite é para você!

Shawn Bolz
Pastor Sênior, Expression58, Hollywood, Califórnia
Autor de *Keys to Heaven's Economy* e
The Throne Room Company

A busca pela face de Deus termina com a revelação de Seu amor por toda humanidade. Do encontro com Sua presença nasce um amor cativante por todo o mundo e um desejo automático de entregar tudo para ver o Seu desejo cumprido (João 17.24). Sean e Andy tocaram esse fogo e estão indo às nações, por isso falam com autoridade para uma nova geração, indo às fronteiras finais do movimento global de missões. *Fogo e Fragrância* levará você a queimar com a mesma paixão que motivou Jesus a deixar o Seu Reino pela Terra. É uma leitura perigosa; se for tomada a sério, mudará sua vida.

Wesley and Stacey Campbell
Revival Now Ministries e autores de *Be A Hero*

É uma alegria endossar uma obra do meu querido amigo Andy Byrd, coautor deste livro, pois conheço o valor intrínseco de seu caráter. Esse homem escreve algo que é fruto de um relacionamento consistentemente apaixonado pelo Cristo vivo. O conteúdo pulsa com vitalidade e desafio, pois Andy faz que Deus seja sua maior prioridade. Amo este livro. Ele nos dá uma ideia do fogo da glória de Deus.

Joy Dawson
P.S. Pode ser muito quente para alguns!

A primeira vez que ensinei sobre evangelismo com adoração foi em Pittsburgh, em 1983. Durante aquela aula afirmei que "Deus liberaria um movimento de 'musicossionários' que abalaria as nações com o som do Seu coração". Creio que este abalo já começou. Ver "musicossionários", como Sean, se levantando com som e vocabulário do coração de Deus me deixa mais animado do que palavras podem expressar.

Ray Hughes
Selah Ministries
Autor de *The Minstrel Series*

Uma pessoa não pode ler *Fogo e Fragrância* e não se tornar, fervorosamente, apaixonado por Deus. Este livro rasga e despedaça a complacência. Ele alimenta uma paixão por ver as nações adorando ao nosso Rei. Esta obra é muito necessária, pois Deus ama o mundo (João 3.16) e também a cada indivíduo. A boa notícia é que: um coração queimando nunca desejará nada além de ser consumido por Deus – além de queimar totalmente o diabo!

Cindy Jacobs
Generals International

Em cada geração, Deus levanta vozes que não apenas instruem o Seu povo, mas os convida a viver radicalmente entregues à causa de Cristo na Terra. Sean Feucht é uma dessas vozes. Deus o está usando para liberar um clamor por avivamento nas nações. Um movimento de adoração, oração e missões está surgindo, cheio de fogo. Não é apenas um movimento de eventos ou reuniões, mas algo que está enraizado genuinamente no coração de cristãos que, ao buscar a presença de Deus, estão se tornando o cumprimento de suas próprias orações. Sean não apenas tem a unção de chamar uma geração toda a viver de todo coração diante do Senhor, mas também a unção de transmitir seu estilo de vida proveniente de sua fome e paixão por Deus e por um avivamento global.

Banning Liebscher
Diretor do Jesus Culture
Autor de *Jesus Culture: Living a Life That Transforms the World*

Em todas as gerações, surgem vozes novas e revigorantes que falam à sua época, seus semelhantes e até a nações. Com o Burn-24-7, Sean Feutch é uma dessas vozes penetrantes, clamando do deserto para preparar um caminho ao Senhor. Sua fé será incendiada enquanto você lê os testemunhos de alguém que crê na busca da presença de Deus, com uma entrega radical. Deixe o seu coração queimar calorosamente e junte-se ao Sean e a outros para trazer a recompensa pelo sofrimento do Cordeiro.

James W. Goll
Encounters Network, Prayer Storm, Compassion Acts
Autor de *The Seer, The Lost Art of Intercession, Praying for Israel's Destiny* e muitos outros.

A premissa deste livro é lançar uma visão e proporcionar uma linguagem que possibilite a toda uma geração viver na convergência entre missões globais e movimentos de orações, ter fome da plenitude de Deus e assumir um estilo de vida que libere e sustente o avivamento e a reforma global.

Prefácio

Ler este livro é como ligar o GPS de Deus para descobrir Sua direção e destino para esta geração. Leia-o, devore sua mensagem. Ele o levará à presença de Deus e ao preenchimento de seus anseios mais profundos por um lugar de pertencimento. Ele também irá inspirá-lo a dirigir em alta velocidade, em um movimento de transformação local e global ("glocal") com seus semelhantes, seguindo a ninguém mais a não ser Jesus Cristo.

Como um jato supersônico rompendo a barreira do som, o soar do avivamento está seguindo a Jesus, que está começando um novo movimento em extrema velocidade pela Terra. Ele está amplificando o som da cura, do avivamento e do ministério aos que estão aprisionados por vícios, medo, incredulidade e injustiça; aos que são rejeitados, vítimas de tráfico humano; aos que estão experimentando todos os tipos de aflições que os arsenais demoníacos podem trazer. A ira de Jesus contra o inimigo está sendo liberada com a maior fúria na história.

O Espírito Santo está respondendo por meio de dois movimentos estratégicos e cruciais: o movimento de adoração — que está se ampliando em uma intensidade jamais visto em mais de um século —, e o movimento de oração — que está explodindo entre os jovens em um nível sem precedente.

Milhões de jovens estão participando do Dia Mundial de Oração, e milhares estão se conectando a casas de oração e "fornalhas" espalhadas pelos Estados Unidos, Europa e por todo o mundo. Trovadores de oração estão se levantando, como Lou Engle com o "TheCall" e Sean Feucht, liderando o movimento de adoração, louvor e oração com o Burn 24-7. Estes movimentos estão alimentando um fogo impetuoso para um avivamento iminente e estão ousadamente anunciando o mover de Deus no meio desta geração digital e instantânea mundo afora. O momento é perfeito.

Os fatores sociais e tecnológicos que alimentam este avivamento são muitos: o mundo está mais conectado do que nunca esteve por causa da facilidade de viajar internacionalmente, da Internet, do uso difundido do *wireless* e o fenômeno das mídias sociais, que nos conectam em círculos cada vez mais apertados. A mentalidade, o coração e as tecnologias disponíveis estão nos aproximando desse avivamento. Pela primeira vez na história você pode viajar para, praticamente, qualquer lugar no Planeta em questão de horas. Você pode falar com seus amigos vinte e quatro horas por dia, sete dias da semana, de qualquer lugar.

Jesus disse: "Ide por todo o mundo...". Os jatos conquistaram a barreira geográfica que antes nos separava. Ele disse: "pregue o evangelho a toda criatura...". As tecnologias de comunicação e informação fizeram que isso fosse possível. Como as pedras que Davi usou em sua funda na batalha contra Golias, os meios práticos para se completar a grande comissão estão disponíveis e prontos para serem usados para atacar a "cabeça da serpente" e, assim, o poder de Satanás sobre a Terra está prestes a ser esmagado!

A "surpresa final" de Deus para chocar o inferno e trazer alegria ao céu é a perfeita unidade e convergência de todos estes meios com o movimento global de missões. Estou testemunhando a manifestação física de uma visão que recebi de Deus quando ainda era jovem: ondas de jovens cobrindo a Terra. O que não era possível ouvir cinquenta anos atrás — jovens como uma força missionária —, hoje é comum. Mas do que incomum é o nascimento de movimentos, como o Call2All Next Generation, que estão pegando fogo pelo mundo. Isso é apenas um prenúncio do que ainda virá.

Sean Feucht, um salmista e pioneiro, se juntou a Andy Byrd, líder da JOCUM (Jovens com uma Missão), para escrever *Fogo e Fragrância*. Eles formam um dueto jovem que está vivendo de forma autêntica a mensagem que prega. Ambos estão buscando e encontrando intimidade com Deus com grande paixão. Por conhecerem a Deus profundamente, eles desejam fazê-lO conhecido extensamente pelo mundo. E eles estão fazendo isso acontecer!

Loren Cunningham
Fundador, Jovens com uma Missão
Presidente, University of the Nations International

Introdução

Por 2 mil anos, o Reino de Deus tem avançado em impulsos apostólicos crescentes e sequenciais. De muitas formas, esses impulsos poderiam ser comparados a uma onda que continua a se chocar com a costa de nosso Planeta, trabalhando até alcançar o último coração humano, região geográfica e esfera da sociedade. Essa onda de Deus é abrangente. Ela envolve uma expressão muito mais ampla do Reino do que qualquer pessoa, organização ou denominação pode carregar. Nessa onda estão todas as respostas para um mundo decaído e perdido, além do desafio de trazer os propósitos divinos do Éden para a Terra. Avivamento, reforma e restauração estão no centro do coração de Deus para este Planeta, enquanto Ele mesmo o prepara para o retorno de Seu Filho.

Conforme a onda apostólica continua se movendo na Terra, Deus manifesta sinais proféticos para lembrar-nos de aspectos esquecidos ou negligenciados em Seu vasto Reino. Nos anos 1500, foi a restauração do sacerdócio de todos os cristãos. Nos anos 1600, Deus restaurou a escolha individual de alguém se batizar e segui-lo. Nos anos 1700, o movimento de missões foi relançado pelos moravianos, resultando em um mover global que existe até hoje. Nos anos 1800, o transbordar absoluto do evangelho foi a libertação que Wilberforce e muitos outros buscaram ao reformar a sociedade por intermédio da abolição da escravatura. Também nos anos 1800, a educação bíblica estabeleceu uma base para o evangelho se espalhar e alcançar todas as esferas da sociedade, inclusive influenciando na fundação de nações e governos. No início dos anos 1900, Deus levantou avivamentos de cura para lembrar sua Igreja e o mundo Seu desejo de curar o corpo e a alma.

Nenhuma dessas "palavras proféticas" foram os impulsos apostólicos em si, mas sinais claros à Noiva de como é o coração de Deus e as soluções para cada época da história humana. Conforme o Corpo de Cristo anda junto, prestando atenção aos sinais proféticos, a essência da plenitude é liberada para a Noiva de tal forma que respostas apropriadas em tempos apropriados liberam grandes medidas do Reino de Deus!

Neste dia, Deus está declarando de Seu trono celestial, "a minha casa será chamada casa de oração para todos os povos." (Marcos 11.17). A Igreja sempre tem orado, em diferentes intensidades, e o que tem sido chamado de movimento de oração não é apenas uma expressão do Reino, mas uma palavra profética para o Corpo de Cristo. A presença de Cristo deve ser a solução. A presença d'Ele deve ser o primeiro objetivo de todos os cristãos. A glória de Deus é liberada com maior intensidade quando a presença d'Ele é mais desejada e reverenciada! A presença de Cristo é a própria essência desta onda global do Reino que tem se chocado com a Terra nos últimos 2 mil anos. E nesta hora, Deus está nos ensinando novamente como viver em Sua presença, e como torná-la a paixão que nos consome por toda a vida! A linguagem é a oração, o ritmo é a adoração, a paixão é a intercessão e o transbordar é por meio de proezas radicais de evangelismo! O casamento de missões com oração está trazendo a Igreja de volta às suas raízes e fundamentos.

A essência deste livro é ser uma palavra profética para todos que o lerem. Uma das formas que Deus está usando para realinhar a igreja é o sopro de trompete pelo mundo, que nos faz voltar ao primeiro amor e viver uma vida de oração devotada e de adoração explosiva. Neste livro não buscamos cobrir todas as diversas formas como a onda apostólica do Reino tem se movido ou está se movendo, mas sim erguer um sinal em meio a tudo o que fazemos como um clamor pela presença do Senhor. Por intermédio de nossa paixão por Sua presença, somos chamados para nos tornar a própria fragrância de Cristo em um mundo em grande necessidade! De forma alguma queremos desvalorizar quaisquer das muitas expressões do Reino e os muitos aspectos da onda apostólica, mas sim agregar valor a todas elas com este sinal global! Não podemos simplesmente deixar de ouvir o que Deus está falando neste momento da história da salvação. Ao ouvir Sua voz e concordarmos com Ele, descobriremos a chave para desbloquear a maior colheita de almas da história da humanidade e o maior brilho de glória que a Igreja já teve!

Um dia comum
capítulo 1

Era uma noite árida e clara quando aterrisamos em uma pequena cidade localizada no deserto do norte do Iraque. Às 3 horas da madrugada, quando as rodas tocaram o asfalto, meu coração começou a bater com entusiasmo, expectativa e admiração pelo que Deus estava prestes a fazer nos próximos dias e horas, por intermédio de nossa equipe. Pouco tempo antes, havíamos começado uma parceria com um jovem e belo casal. Deus os havia plantado estrategicamente naquela região para levantar uma fornalha de adoração e oração contínua, liberando um som de adoração de onde transbordasse a justiça, a misericórdia e o alcance sobrenatural em uma terra estéril.

Desde que Adão andava intimamente com o Senhor, "quando soprava a brisa do dia" no jardim do Éden, há milhares de anos, Deus colocou em ação uma estratégia para trazer Sua Noiva de volta a esse lugar de comunhão e unidade com Ele. Esse plano de redenção e restauração está se desdobrando por todo o mundo, com milhões de almas sendo levadas de volta àquele lugar de despertamento, salvação e desejo pelo Pai. Na mesma região geográfica em que aquela intimidade no Jardim foi mostrada e revelada à humanidade, o Iraque atual está experimentando uma onda de restauração e salvação. Desde o colapso e a remoção de Saddam Hussein e sua agenda de genocídio contra os povos curdos, a porta de entrada para as cidades e o coração de muçulmanos não alcançados foi escancarada para receber as boas-novas da salvação.

Enquanto eu pegava minhas malas e passava pela imigração, nossa equipe estava a trinta quilômetros de distância, reunida em uma casa subterrânea no Irá. A chama de amor deles estava queimando naquela noite, na companhia dos cristãos curdos da região. Eu fui direto do aeroporto para me juntar ao som e busca deles. Nossas viagens missionárias Burn 24-7 são cheias de busca e de aventuras, e não é incomum nos organizarmos e mobilizarmos para quatro ou cinco ataques estratégicos de 24 horas de adoração, oração e evangelismo em diversas cidades em uma mesma viagem. Naquela noite, tivemos muitas visitas curiosas se juntando à nossa adoração barulhenta, onde canções e orações em inglês, curdo e árabe iraquiano se misturavam em uma fragrância única e bela, transbordando pelas ruas da cidade.

Alguns dias antes, oficiais do governo de alto escalão estavam caminhando e examinando a escola primária onde nossa equipe estava adorando, enquanto aulas de inglês eram ministradas. Nós sempre misturamos adoração com todas as formas de alcance, e assim rompemos em todos os passos que damos! Os oficiais de governo ficaram impressionados quando viram os músicos e cantores derramando o coração diante de Deus. Depois de algumas horas absorvendo aquilo, eles se aproximaram de nossa equipe e disseram: "Não sabemos o motivo de termos vindo aqui e quem são vocês, mas este som é música de cura para a nossa nação." Então eles nos convidaram para ir, durante alguns dias, tocar essa "música de cura" em um concerto na antiga fortaleza militar e no palácio norte de Saddam Hussein. Eles tiveram de repetir a proposta algumas vezes, pois estava difícil acreditar no convite que acabáramos de receber!

Alguns dias depois, após muita oração, tivemos impressões e sonhos que confirmavam que devíamos entrar por essa porta aberta, então nos aventuramos no deserto perto da fronteira do Irã e Iraque rumo à fortaleza. Nenhum de nós tinha a menor ideia do que aconteceria naquele dia. Deus estava prestes a transformar uma antiga fortaleza de morte, medo e intimidação contra o povo curdo em um lugar de habitação da Sua presença, onde a fragrância da adoração se levantaria e o som de vida, esperança, restauração e salvação seria liberado!

Assim que chegamos, os líderes começaram a compartilhar conosco a história daquela fortaleza. Naquele lugar, surgiram os principais oficiais de Saddam e suas estratégias tiveram origem, foram, desenvolvidas e executadas, resultando na morte de milhares de curdos, por meio de armas biológicas. Estimativas conservadoras afirmam que, no norte do Iraque, o número de mortes nesse genocídio foi de mais de 200 mil curdos nos últimos dez anos. Em nosso percurso, havíamos passado por cidades e vilarejos inteiros que foram literalmente apagados da existência em poucos segundos. Em meio às cinzas de uma das piores tragédias humanas de nossos tempos, um mover de Deus está acontecendo naquela nação, originado em um lugar de adoração e oração extravagante!

Quando terminamos uma rápida visita pelo palácio e a fortaleza, entramos na principal sala de encontro e fomos saudados por sorrisos jubilosos de mais de 400 homens, mulheres e crianças curdas, que nos aguardavam com grande expectativa. Dava para sentir a intensidade da apreensão naquela sala, com risos abafados e olhares rápidos e inquietos. Quando os vi, quase imediatamente caí em lágrimas. Deus havia literalmente nos colocado no covil do antigo líder da nação e providenciado para nós uma audiência cativa de um dos povos menos alcançados do Planeta, para tocar "músicas de cura"! Os dias em que estamos vivendo são como poucos na história. Estamos nos deparando com situações absurdas como essa em todas as partes do mundo! Esses são cenários e circunstâncias que nenhum homem consegue orquestrar, enquanto humildemente seguimos o vento do Espírito Santo. A partir daqui a história só fica melhor!

Quando começamos a afinar os violões e montar a bateria, percebi que havia três câmeras profissionais estrategicamente colocadas naquele espaço. Eu perguntei a um dos líderes para que eram aquelas câmeras e se eles planejavam filmar aquela noite. Ele me disse que eles queriam dar a oportunidade aos que não cabiam naquele pequeno espaço de ouvir e experimentar a música; imaginei que seriam apenas os iraquianos que viviam nos vilarejos e cidades daquela região. Ele então me acenou para que o seguisse para a porta de trás do edifício, onde eu vi várias antenas parabólicas gigantescas. Elas poderiam facilmente ser comparadas àquelas que vemos nas sedes das maiores redes televisivas. Então, a explicação que recebi foi que ali era a base da estação de televisão nacional curda, que era vista por 20 a 25 milhões de curdos espalhados pelo Iraque, Irã, Turquia, Síria e até no Ocidente.

Aparentemente, essa estação era a principal fonte de informação dos curdos para saber sobre clima, notícias gerais e novidades sobre a nova base do governo estabelecido no norte do Iraque. Ele me disse que durante o programa daquela noite, milhões de espectadores pelo mundo seriam surpreendidos ao ver e ouvir norte-americanos tocando na estação pela primeira vez na história. Nesse momento, eu estava boquiaberto. Deus imediatamente lembrou-me de uma palavra profética que eu havia recebido um ano antes. Aquela palavra ecoou em minha mente. Como Deus iria transmitir sobrenaturalmente o som puro e apaixonado do Burn 24-7 aos grupos das pessoas menos alcançadas do mundo. Parecia uma palavra cujo cumprimento estava muito distante, que demoraria anos até se tornar realidade, mas Deus a cumpriria literalmente naquela noite! Esse é um testemunho perfeito, que revela os dias de rápida aceleração que estamos vivendo!

Desde que o primeiro acorde foi tocado naquela noite, a presença de Deus invadiu aquele lugar, para responder ao som de adoração e às necessidades dos perdidos. Entramos em uma zona de adoração vertical, ousada e intencionalmente buscando a face do Senhor, em uma entrega incondicional. Profetizamos por intermédio de nossas canções e orações e liberamos declarações sobre a nação do Iraque, o povo curdo espalhado pelo mundo e os milhões que ouviam o som de nossas canções. Os curdos muçulmanos naquele lugar nunca haviam visto nada como aquilo, mas eles foram absolutamente cativados! Eles foram atraídos e se juntaram a nós em nossa expressão de amor a Deus, cantando, batendo palmas e até dançando! Nunca antes eu havia experimentado algo assim, com pessoas totalmente não alcançadas.

Em certo momento, durante as três horas que foram televisionadas, fizemos um círculo de bateria e todos começaram a dançar a dança tradicional curda, enquanto cantávamos uma canção espontânea do Senhor. Foi algo completamente incontrolável, livre e imprevisível. Deus estava em nosso meio! Naquela noite, a presença de Deus foi desfrutada e as pessoas receberam-na abertamente enquanto todo o clima daquela fortaleza se transformou: o medo se tornou em amor, a tristeza em alegria e a ansiedade em paz. A atmosfera de adoração e oração promoveu um espaço para que o toque do céu alcançasse a humanidade quebrantada. Muitos desses muçulmanos não alcançados foram radical e imediatamente curados de suas doenças, dores e enfermidades, enquanto cantávamos e orávamos com eles. O grande destaque daquela noite foi quando almas perdidas entregaram a vida para Jesus. Parecia uma celebração de regresso à Pátria, e não conseguíamos parar de nos regozijar pela fidelidade do Pai em visitar essas pessoas lindas. Foi um dos momentos mais épicos de serviço de adoração de todos os tempos!

Um mover como nenhum outro

Essa história é uma dentre muitas outras que revelam a hora da visitação, do encontro, de aceleração e salvação que já chegou a nós! Este livro, facilmente, poderia ser cheio de testemunhos cativantes como esse, pois esses momentos marcam a glória do Senhor se levantando em novas dimensões em Seus filhos e filhas, conforme prometido pelas Escrituras (Números 14.21; Salmos 72.19; Isaías 6.3; Habacuque 2.14). O evangelho do Reino está avançando com força e explodindo em meio às nações mais escuras e difíceis do mundo. Os perdidos estão maravilhados com a beleza, o poder e a majestade da pessoa de Deus.

A onda desse ímpeto global está em seu ponto alto nas nações do Extremo Oriente. China, Índia e Nepal experimentam um mover incrível de Deus e uma colheita de almas tão abundante, como nunca antes aconteceu na história desses povos. Esse ciclone de fogo está começando a se expandir para o Oeste, na Ásia central e no Oriente Médio rumo à Jerusalém, onde o confronto final vai acontecer. Muçulmanos, hindus e budistas estão vindo a Jesus em massa, e o fruto da vida transformada dessas pessoas está mudando a cultura em suas cidades, regiões e nações.

Uma pesquisa recente, feita na Universidade das Nações, na base da JOCUM em Kona, Havaí, articulada com precisão, relatou o que está acontecendo atualmente. Algumas das mentes mais brilhantes do cristianismo se juntaram para compilar dados das maiores missões e organizações mundiais, com o foco em mensurar o grau de evangelismo realizado entre os povos menos alcançados do mundo. Foi descoberto que, se a Igreja global continuasse com o mesmo grau de engajamento, fazendo evangelismo e missões, mesmo que não ganhasse ímpeto — na verdade esse grau tem aumentado a cada ano —, toda nação, tribo e língua ouviria do evangelho até o ano 2020. Adoração e oração são alguns dos catalizadores deste movimento, enquanto o som de adoração, louvor e ações de graças está sendo liberado por todo o mundo, de forma nunca visto antes! A declaração registrada em Malaquias

1.11 está sendo cumprida literalmente e está carregando o fruto da salvação autêntica na terra:

> Mas, desde o nascente do sol até ao poente, é grande entre as nações o meu nome; e em todo lugar lhe é queimado incenso e trazidas ofertas puras, porque o meu nome é grande entre as nações, diz o SENHOR dos Exércitos.

Essa promessa profética está em andamento, com um coro de bilhões de corações queimando em meio às nações do mundo, que se juntam com a poderosa multidão no céu para declarar a grandeza de Deus! Incenso está sendo liberado para inundar a Terra. Mais cidades como em nenhum outro momento da história estão queimando com essa chama que permanece acesa dia e noite!

Nós também devemos observar o plano bíblico descrito em Salmos 67.5-7, que mostra o que segue logo após essa liberação de incenso:

> Louvem-te os povos, ó Deus; louvem-te os povos todos. A terra deu o seu fruto, e Deus, o nosso Deus, nos abençoa. Abençoe-nos Deus, e todos os confins da terra o temerão.

A maior colheita global da história virá logo depois de um som extravagante de amor, adoração e louvor, que será liberado pela Noiva apaixonada. A colheita mundial de bilhões de almas que tem sido anunciada, sonhada e profetizada por muitos líderes cristãos nos últimos dez anos está rapidamente se aproximando. Testemunharemos em primeira mão a bela conexão entre o fogo aceso em nosso coração e a liberação da fragrância e do aroma de Cristo na Terra.

Comunidades com a presença

Imagine se tivéssemos espalhadas por todo o mundo comunidades onde a prioridade fosse cultivar, desfrutar e liberar a presença de Deus. Comunidades onde vida, direção e impacto fossem baseados em uma fornalha de oração, *soaking*[1], adoração e intercessão. Imagine essas comunidades brilhando tão fortemente, a ponto de começarem a emanar a própria glória de Deus que elas contemplaram com tanto amor, carinho e consistência. Imagine o impacto em algumas das regiões mais escuras, difíceis, fechadas e complacentes no mundo quando essas comunidades começarem a andar na plenitude de uma união entre devoção radical ao coração do Senhor e uma paixão ardente por levar Jesus às ruas, orfanatos, favelas, vilarejos distantes, zonas de prostituição, centros urbanos, subúrbios e a todas as esferas da sociedade. Imagine o que aconteceria se essas comunidades começassem a se reunir, valorizando tanto a busca pela presença pessoal e manifesta de Deus quanto Seu anseio e desejo de levar a presença d'Ele às ruas. O prazer e a liberação da presença de Deus, o monástico e o missional, a intimidade e a luta por justiça, a comunhão e o comissionamento, o olhar e o ir, o fogo e a fragrância! Algumas dessas comunidades viveriam juntas, outras se reuniriam regularmente; todas exerceriam influência nas mais diversas esferas da sociedade, vivendo para fazer avançar a Noiva vitoriosa e liberando-a onde quer que fossem.

---

[1] O termo tem sido usado para descrever um tipo de expressão de oração e adoração em que a prioridade é encharcar-se da presença de Deus por intermédio de um tempo de silêncio, meditação e oração. *Soaking* é também expresso como um subgênero da música cristã, com o objetivo de "deixar de lado o eu" e "focar e meditar em Deus para renovar a força e a paz".

Seria possível a transformação por meio dessas comunidades? Poderia a escuridão experimentar a luz? Poderia a igreja viver em amor e poder, liberando amor com poder? Poderia uma geração de jovens despertar para seu propósito? Poderia a injustiça ser impedida, a moralidade restaurada e a verdadeira liberdade destravada? Alguma vez a escuridão antes do amanhecer foi capaz de segurar os primeiros raios do sol ao amanhecer? Ou algum quarto escuro já conseguiu impedir a força enviada por um interruptor que aciona a luz de uma lâmpada? Então o que está faltando? Luzes? Interruptores? Fé?

O amanhecer de um novo dia

Não é preciso ser profeta nem ter uma palavra profética para ver claramente que a Igreja Ocidental tem lutado de forma sem precedente para manter uma vida espiritual vibrante e ao mesmo tempo ser sal e luz em um mundo mergulhado em escuridão. Qualquer um, com acesso ao mínimo de informação, tem razões de sobra para ficar desencorajado com morais escorregadias, leis demoníacas e cada vez mais ideais humanistas sendo celebrados pelo mundo. Contudo, apenas uma pessoa completamente diferente, que traz uma realidade distinta, pode ver tudo isso e ainda assim viver com uma esperança constante, confiando que o Reino de Deus não será detido e que, apesar das manchetes trazidas pela mídia, Ele está vencendo!

Qual é sua estratégia para a mudança? Como vamos transformar tudo? Como cumprir a declaração de Jesus que somos "a luz do mundo" (Mateus 5.14)?

Esperança. É o que precisamos. Esperança em um céu que nunca perdeu nenhuma batalha no longo prazo, mas que apenas sabe o que é avançar e avançar! Certeza de que quando Jesus disse que as portas do inferno não prevaleceriam contra Sua Igreja, Ele realmente quis dizer isso. Então o que está faltando? A Igreja? Comunidades verdadeiras, cheias de fogo, intimidade com Deus e impactantes, que contemplam a glória, são transformadas em glória e se tornam o cumprimento da glória de Deus que cobre a Terra, como as águas cobrem o mar! Temos de começar a sonhar de novo. Temos de nos despertar para as possibilidades e não sermos consumidos com as limitações, contratempos ou circunstâncias difíceis.

O que precisa mudar? Tudo! Temos nos conformado com tão pouco. Temos dado ao Cordeiro apenas uma reunião de domingo à noite como recompensa por Seu sacrifício. Radical tem sido definido como alto, grande ou único. Devoção tem sido rebaixada a uma série de "podes" e "não podes". Mas espere, há esperança! Há tanta esperança. Essa Noiva despertará, se levantará e caminhará na plenitude de seu propósito. Durante toda a história houve momentos de fogo, e em nossos dias será igual. A singularidade de nossos dias será a amplitude e largura desse exército cheio de fogo. Comunidades podem ser transformadas, os perdidos podem ser alcançados, o coração mais duro pode amolecer, o mais viciado pode experimentar a liberdade e o coração das nações podem se voltar para Deus. Precisamos viver em esperança. Precisamos viver em avanço. Qualquer coisa menor que isso é desprezar nossa herança e diminuir a vitória que foi conquistada no Calvário.

O clamor por plenitude

Cremos que Deus está liberando um clamor de desespero em corações famintos ao redor de todo o mundo;

corações que nunca estarão satisfeitos com o *status quo*. Plenitude é o clamor desta geração! As soluções para os problemas deste mundo não podem ser resumidas em quadros brancos. As respostas não serão possíveis mesmo com as melhores tentativas de nossos governos humanistas ou os novos programas da igreja. A presença de Deus é a única resposta! Ela sempre foi a única resposta. Parece que estamos nos despertando cada vez mais para essa realidade.

O fogo não pode queimar sem a fragrância ser liberada, e não é possível ter a fragrância da fumaça sem antes começar um fogo. O fogo de um amor apaixonado e fervoroso por Jesus tem sempre sido a base da fragrância de Cristo, que impacta as esferas da sociedade, nações e o mundo inteiro de forma construtiva para o Reino. Deus está chamando sua Igreja para entrar nos "corações queimando" daqueles que andam no caminho de Emaús (Lucas 24.32). O fogo naturalmente liberará a fragrância. A fragrância de um coração queimando é o maior evangelismo que o mundo já sentiu. Essa fragrância se manifestará de forma sobrenatural, misericordiosa, compassiva, prática, influente, social, não religiosa e, finalmente, transformacional! Paixão pura por um Deus puro, impactando a sociedade com um evangelho puro! Chega de pasteurização do evangelho, chega de intimidade processada com um Deus refinado! Fogo puro, fragrância pura! Um verdadeiro casamento entre o que foi feito para ser sempre uma só carne: missões e oração! Fogo e fragrância!

Se isso ainda não foi suficiente para estimular sua curiosidade, permita que o testemunho da Bíblia e a história tragam fome ao seu coração sobre o que é possível viver. Vamos mergulhar nesses tópicos nos próximos capítulos, mas para começar, considere Antioquia, no capítulo 13 de Atos. Uma comunidade de cristãos proféticos, mestres e muitos outros que se dedicavam à oração, ao jejum e a ministrar ao coração do Senhor. Como resultado desse estilo de vida em comunhão, Paulo e Barnabé foram enviados pela palavra do Espírito Santo para irem às nações. O resto é história! A comunhão levou ao envio e ao domínio. Isso não foi apenas uma boa ideia, não foi apenas o próximo passo mais lógico. A decisão não veio de algo como "Dez passos para fazer isso", "20 chaves para fazer aquilo", ou "72 horas em reuniões de conselho". Um momento de intimidade coletiva interrompido pela voz do Espírito Santo liberou Seu fogo e fragrância por todo o mundo!

Patrício da Irlanda (São Patrício) criou um modelo similar. Uma estratégia evangelística baseada em cantar os salmos dia e noite. Uma comunidade centrada na vida individual e coletiva com Jesus, espalhando o fermento do Reino para vilarejos, cidades e nações inteiras. Esse movimento se propagou por muitas nações, durante centenas de anos! Os morávios não apenas impactaram a história da humanidade, mas também influenciaram movimentos modernos de oração e missões de inúmeras igrejas e organizações, tornando-se referência de um dos primeiros movimentos protestantes de missões.

Onde estaríamos sem esses modelos históricos que carregaram a essência da plenitude? Seríamos fracos e estaríamos sem esperança. Hoje, até podemos ser um pouco fracos, mas não estamos sem esperança. Não com os testemunhos do que Deus tem feito e do que Ele está liberando agora em uma escala global como jamais aconteceu na história! Nossa força no futuro, como Noiva madura e guerreira, vem da nossa esperança no presente. Seremos tolos se pensarmos que nos tornaremos o que ainda não somos se não tivermos a esperança do que podemos ser!

Essa é uma das chaves para a verdadeira e duradoura construção do Reino: fogo e fragrância! Há muito mais — muitos outros livros, muitas mentes brilhantes e muitos pontos importantes. Mas o propósito deste livro é incitar um desejo nos leitores pelo que é possível, pelo que pode ser, pelo que deve ser e pelo que será. O objetivo desta obra é mobilizar cristãos de todo o mundo a viverem a plenitude do evangelho e a se reunirem em comunidades autênticas, centradas na presença de Jesus, levando o avivamento e a reforma às nações.

Uma busca pela
presença de Deus
capítulo 2

- Sean -

Em 1982, meus pais eram recém-casados, mas passaram pela maior dor que um pai e uma mãe poderiam passar: repentinamente perderam seu primeiro filho, que se sufocou no berço quando tinha apenas dez semanas de vida. Essa tragédia imensurável os fez tremer até na essência de sua fé, pois questionaram sua crença na bondade de Deus. Apesar de ambos terem raízes fortes fincadas em famílias e comunidades cheias de fé, tendo crescido no Sul do país, essa tragédia chocante desafiou todo aquele legado. O meu pai estava no início de sua carreira profissional como dermatologista, e minha mãe trabalhava como enfermeira. Um chamado ao desconhecido os levou ao oeste (graças à "Go West Young Man", de Michael W. Smith) para começar a trabalhar imediatamente, após terminar o curso de medicina. Eles abriram mão, com alegria, da familiaridade, umidade e do conforto do Sul pela grandiosidade, frescor e beleza das Montanhas Rochosas em Montana. Esse espírito pioneiro foi um legado que todos os seus filhos herdaram.

Um filho da promessa

Quando tudo ainda era novidade para eles na cidade montanhosa e *hippie* de Missoula, foram as comunidades da Assembleia de Deus que cuidaram deles em meio à provação de perderem o filho. As pessoas daquela igreja se reuniram como agentes de cura e liberaram uma visão profética e de encorajamento para a promessa que viria. Logo após a morte de Christopher, eles receberam uma palavra por meio de um arco-íris que brilhava no vale de Missoula. O arco-íris era sinal e promessa de que redenção e restauração estavam a caminho. Um ano depois, exatamente no mesmo dia da perda do filho, eu nasci.

Montana é provavelmente o melhor lugar em todo o mundo para um menino aventureiro, arteiro e de espírito livre crescer. As montanhas eram a saída perfeita para o único menino entre três irmãs (duas mais velhas, uma mais nova). Quando meus pais achavam que eu era culpado por contrariar ou incomodar minhas três irmãs, eu era banido e ficava fora de casa durante o dia.

Nossa rua ficava perto do topo do contraforte do vale do rio Missoula. Atrás da minha casa era um genuíno terreno intocado das Montanhas Rochosas, que rapidamente se tornava meu parque infantil, meu escape e minha alegria. Ora eu estava descendo os montes de trenó em uma temperatura abaixo de zero, ora escalando pelas florestas e rios no verão para explorar. Meus pais apenas me deram uma regra na infância: estar em casa pontualmente às 19 horas para não perder o jantar. Eu nunca perdi uma refeição.

Estabelecendo um padrão

Em certo verão, as coisas mudaram em minha família, quando meus pais decidiram fazer uma viagem médica e missionária de curto-prazo para a Romênia, uma nação destruída pela guerra. Eles não imaginavam o impacto dessa primeira viagem missionária e como ela mudaria o curso de suas vidas. Um coração inclinado aos povos não alcançados, perdidos e doentes das nações começou a nascer dentro do meu pai. Essa paixão arruinou seus desejos menores de fazer qualquer outra coisa. Depois de meses lutando com esse mandato que Deus colocou em seu coração, enquanto os rostos dos perdidos inundavam seus sonhos, papai chegou a um ponto sem retorno. Ele tomou a decisão de sacrificar seu trabalho médico muito bem-sucedido, que havia levado dezenas de anos para ser construído, a fim de atender ao chamado de tempo integral para missões às nações não alcançadas do mundo. Essa decisão estabeleceu um novo sistema de valores para minha família. Um padrão foi estabelecido para continuar o legado de buscar o chamado de Deus a qualquer custo.

No ano de 1994, Deus abriu uma porta de forma divina para meus pais liderarem e gerenciarem uma organização chamada Operation Blessing. Ela era o braço de justiça, missão e alcance da Rede Cristã Televisiva [CBN, Christian Broadcasting Network], com base na praia da Virgínia. Nós mudamos do Oeste deslumbrante, seco, montanhoso e pouco populoso para a praia úmida, plana e superlotada da Costa Leste. Foi uma grande mudança, mas a aceitamos e seguimos adiante.

Durante os primeiros anos na Virgínia, meus pais lideraram inúmeras viagens para nações não alcançadas, levantaram milhões de dólares em alimentos, remédios e recursos para serem distribuídos. Eles até equiparam um avião comercial L1011, tornando-o literalmente um "hospital voador"! Porém, as dificuldades financeiras e a transição de deixar um negócio próprio na medicina para assumir o ministério integralmente teve um certo preço. Isso fez que minha família crescesse mais durante um ano do que nos dez anos juntos até aquele momento! Hoje, olhando para trás, vejo que a mão de Deus estava trabalhando enquanto uma nova identidade estava sendo formada e costurada para minha família.

Assim que o tempo com a CBN chegou ao fim, surgiu outra mudança no horizonte. Meus pais sentiram a voz de Deus os chamando para fazer a Crossroads Discipleship Training School [Escola de Treinamento de Discipulado da Crossroads], e assim nossa família mudou-se para a cidade de Kona, Havaí. Quando ouvimos os muitos testemunhos de amigos que haviam completado o curso, além do fato de morar no Havaí, a família inteira foi facilmente convencida.

Por outro lado, eu era o soldado solitário que absolutamente detestava a ideia. Para mim era cruel ser roubado de meus melhores momentos de colégio. Ainda que fosse para morar em um país tropical, eu tinha uma imagem que precisava manter. Eu era o *quarterback* de um time de futebol americano, capitão do time de basquete e tinha até algumas meninas interessantes que eu sabia que estavam interessadas em mim. Parecia um crime estragar essa vida dourada de um adolescente cheio de energia e saturado com a cultura *pop* norte-americana! Eu defendi minha posição com todas minhas forças até o dia em que, relutantemente embarquei no avião.

O encontro na ilha

Meus pais sabiam o que era melhor para mim e nem pensaram duas vezes sobre isso. Por causa da obediência deles e da graça de Deus em minha vida, durante meus três meses no Havaí, experimentei um encontro com Jesus que me marcaria por toda a eternidade. Três meses cheios de aventura e *downloads* espirituais era o que nos aguardava naquela bela ilha. Era uma dose concentrada de busca por Deus, recebendo treinamento de grandes mestres de todo o mundo, nos amontoando no maior apartamento que eles tinham na base (ainda muito pequeno) e absorvendo os esplêndidos pores do sol.

Tudo em minha vida mudou durante aquele período. Entreguei meu coração e vida para Jesus de uma forma nova e ouvi a voz de Deus pela primeira vez. Comecei a correr atrás de Deus como nunca havia corrido antes. Recebi o batismo do Espírito Santo e fui totalmente impactado e cheio do Espírito, com sonhos, visões e visitações! Além de tudo isso, aprendi a ser um surfista decente! Minha vida mudou dramaticamente quando voltei para o Estado da Virgínia. Meus companheiros mais próximos queriam saber o que havia acontecido. Eu comecei a me conectar com o grupo de jovens local, criei um grupo pequeno em minha casa e decidi que era a hora de aprender a tocar violão, pois minha paixão por adoração crescia imensamente. Esse encontro no Havaí foi o brilho que iniciou a jornada na qual estou até hoje. Eu chamo essa jornada de "A busca pela presença de Deus".

Começo simples

De repente, eu estava bem no meio de um movimento genuíno de Deus, explodindo em nosso grupo de jovens. Meu pequeno grupo cresceu de oito para 80 pessoas, e nosso grupo de jovens explodiu de 70 pessoas entediadas para 350 adolescentes barulhentos e selvagens de igrejas de toda a cidade para "buscar o fogo" nas noites de quarta-feira. Esses encontros aconteciam em uma escola pública primária muito simples. Não tínhamos assentos confortáveis, máquinas de fumaça, luzes estroboscópicas ou um sistema de som potente. Mas o que tínhamos era a presença infalível de Deus que se manifestava todas as quartas e nos marcava com Sua glória e encontro. As reuniões eram simples, sinceras, autênticas e apaixonadas.

Comecei a liderar louvor desde que aprendi a tocar três acordes. Nossa banda inteira tocava muito mal. O baterista era o único ponto positivo. Ele havia estudado na Berkeley. Nem preciso dizer que aprendemos algumas músicas com poucos acordes e fizemos muitos solos de bateria! Eu nunca esqueço o quão intenso eram aqueles tempos! Frequentemente, em momentos de intercessão e louvor, pessoas espontaneamente viravam potes de lixo grandes e batiam neles com suas mãos! Era absolutamente selvagem, intenso e livre! Esse era o nosso lugar seguro onde começamos a aprender como fluir no Espírito Santo por intermédio da adoração davídica e com cânticos proféticos.

Encontro que virou serviço

Nós não paramos apenas nos encontros surpreendentes. Foi assim que o conceito e o DNA de fogo e fragrância criaram raiz em minha vida. Nós tínhamos momentos coletivos em que o fogo da presença de Deus queimava tão forte em nós que precisávamos liberar a fragrância para o mundo à nossa volta! Saíamos direto de nossas reuniões para visitas frequentes nas salas de emergência de hospitais para orar pelos enfermos, deprimidos e moribundos.

Nunca alguém recusou oração por cura e restauração nesse lugar de desespero. Nós testemunhamos muitas curas e encontramos uma verdadeira abertura para o evangelho! Em determinado verão dessa época, as salas de emergência ficaram literalmente vazias de pacientes. Isso até levou a cidade a considerar fechar as salas! Nós também fizemos evangelismo de porta em porta em alguns bairros, compartilhando sobre Jesus e orando com qualquer um que quisesse recebê-lO. Isso produziu testemunhos incríveis, mesmo que tenhamos sido expulsos de vários bairros pela polícia! Uma pessoa até mencionou que estávamos vendendo Jesus, mas nós respondemos: "Ele é um presente gratuito!".

Um novo som

Durante o auge desse movimento de explosão de adoração que tomou conta de nossa comunidade no Estado da Virgínia, meu grande amigo e mentor na época, Jason Upton, gravou seu primeiro álbum "Key of David" em um de nossos encontros. Era um som diferente e pioneiro que se espalhou por todo o mundo (graças a *sites* como o Napster). Esse som era um catalizador que ajudou a trazer uma onda de adoração profética, espontânea e livre que estamos experimentando até hoje. Nesse período incrível de "céus abertos", entramos em um ambiente de encontros poderosos com o Espírito Santo. Os adoradores, músicos e líderes dessa época estão hoje espalhados pelo mundo escrevendo canções ungidas, liderando igrejas, servindo nas fronteiras de missões mais escuras e fazendo Jesus famoso em todo o mundo.

Veio uma garota

Nessa jornada de buscar mais fundo o coração de Deus, veio uma garota. Isso não parece algo tão atemporal e óbvio? Bem, foi o que aconteceu. Essa linda loira de olhos azuis do meu grupo de jovens roubou meu coração. Desde a primeira vez que a vi, uma voz dentro de mim disse que eu viveria o resto de minha vida com ela. Eu não quis tentar vender minha imagem como um líder de jovens bem espiritual, com algum tipo de palavra profética pesada (graças a Deus!), mas senti a confirmação do Espírito dentro de mim.

As circunstâncias trabalharam a meu favor, pois o pai dela era líder de jovens naquela mesma cidade. Assim, pude acertar as coisas com ele antes de ir atrás de sua estimada filha mais velha. Isso foi uma decisão sábia, cujos benefícios colho até hoje! Kate e eu vivemos uma história de amor clássica desde a escola e realmente crescemos em Deus juntos. Isso é algo que eu raramente vejo hoje no meio de casais jovens e sou eternamente grato a Deus por ter vivido uma experiência assim.

O chamado

No verão antes de meu segundo ano no ensino médio, em 2000, aconteceu algo que abriu minha visão e revolucionou minha vida para sempre. Havia rumores na Costa Leste sobre uma visão em que milhares de jovens se reuniriam em Washington, D.C. para um dia inteiro de adoração, oração e jejum. Sem que tivéssemos ouvido nada sobre algum evento, nossa equipe da Virgínia, cheia do fogo, estava 100% atrás daquilo. Algo assim já estava acontecendo em um nível menor e local, perto da nossa casa. Nós até nos comprometemos com a tarefa de mobilizar toda a Costa Leste para um evento chamado "TheCall".

Ligamos para centenas de igrejas, grupos de jovens, ministérios e fizemos reuniões de oração, convocando todos para irem à capital da nação. Um CD gravado começou a ser divulgado rapidamente pela nossa comunidade (novamente graças ao Napster). "Extreme Disciples" [Discípulos Extremos] era o som que mexeu com nosso coração e traduziu em palavras o que todos estávamos sentindo. Também ficamos sabendo que o homem com voz rouca que profetizava no CD era o principal líder deste grande encontro que estávamos trabalhando para mobilizar.

Estávamos completamente entusiasmados e sabíamos que seria um encontro de proporções épicas, independentemente de quem comparecesse. Então, naquele dia de setembro do ano 2000, todos vieram para o encontro. Ninguém sabe como ou de onde vieram, nem o motivo de todos eles terem comparecido àquela reunião. Quase meio milhão de norte-americanos encheram o histórico National Mall, na capital do país, para orar, jejuar, chorar, se arrepender, adorar, louvar, profetizar e crer que avivamento e reforma alcançariam nossa Terra! Foi uma experiência como nenhuma outra. Ela verdadeiramente liberou uma fé sobrenatural em meu coração. Quando saímos do National Mall naquele dia e olhamos a massa de pessoas famintas por Deus, cri que o Senhor estava levantando um exército para o fim dos tempos em nossa geração!

Uma coisa é ler as profecias épicas e apocalípticas no livro de Joel, outra coisa completamente diferente é testemunhá-las com seus próprios olhos! Aquele dia inteiro foi marcado por uma extrema urgência e intensidade, enquanto líderes de diferentes denominações, etnias e classes sociais se juntaram profeticamente declarando uma época de unidade e justiça nos Estados Unidos! O que estava se desenrolando em minha frente naquele dia era o culminar de muita esperança, sonhos, orações e lágrimas durante a história de minha nação.

Visão do fogo

Durante uma sessão de adoração no TheCall, tive a visão aberta enquanto estava prostrado na grama embaixo do sol quente da tarde. Essa é uma dentre apenas três experiências desse tipo em toda a minha vida, que prenunciaria o meu futuro nos anos seguintes. Durante a visão, fui levando aos céus e vi a Terra do ponto de vista de um astronauta. Enquanto tinha essa visão, comecei a perceber pequenas faíscas surgindo em cada continente em praticamente todas as nações.

Essas faíscas cresciam em questão de minutos e se tornavam pequenas chamas que se replicavam muitas vezes. Eram tantas chamas pequenas que o mundo estava literalmente cheio de fogo, que iluminava a escuridão do céu e da atmosfera. Conforme as chamas começavam a subir cada vez mais alto e ficar cada vez mais brilhantes, ouvi a voz do Senhor dizendo:

"Eu te chamei para acender fogos pelo mundo."

Imediatamente comecei a ver a fumaça surgir dessas chamas de fogo e preencher a Terra inteira. Não havia um oceano, cadeia montanhosa, nação ou continente que não estivesse completamente coberto por essa fumaça densa que pairava sobre toda a humanidade.

Um versículo surgiu diante dos meus olhos:

> Mas, desde o nascente do sol até ao poente, é grande entre as nações o meu nome; e em todo lugar lhe é queimado incenso e trazidas ofertas puras, porque o meu nome é grande entre as nações, diz o SENHOR dos Exércitos. (Malaquias 1.11)

Naquele momento, fui cheio de visão, vida, propósito e uma nova força para ver isso acontecendo na Terra. Não sabia como, quando ou onde, mas sabia que essa era a minha tarefa.

Os anos da faculdade

Apesar de minha nobre ideia de terminar o curso e, imediatamente, comprar uma passagem sem retorno para a China, para semear naquela nação, como fez Hudson Taylor, Deus me disse claramente que isso não estava de acordo com Sua perfeita vontade. As portas se escancararam por meio de bolsas de estudo e relacionamentos divinos para que eu fosse estudar na Oral Roberts University no outono de 2002. Meu propósito era estudar administração com uma especialização em música. Despedi-me da minha incrível vida comunitária, minha namorada e da praia e viajei para o outro lado da nação, na terra plana e quente do Centro-Oeste. Eu tinha muitas esperanças e expectativas com respeito ao que ia acontecer. Tinha ouvido muitas lendas e histórias de ministérios, músicos e movimentos inteiros que iniciaram nessa pequena universidade em Tulsa, Oklahoma, e estava preparado para me tornar mais uma história de sucesso. O que eu não sabia era que Deus estava me levando a um tempo de deserto para que eu descobrisse a fonte da verdadeira intimidade e autoridade.

Minha esperança por sucesso desapareceu quando passei meu primeiro ano inteiro da faculdade sem ministrar absolutamente nada. Durante esses primeiros meses me senti tão estéril em meu coração que não toquei o violão uma vez sequer. Eu não estava irritado ou cansado da igreja ou do ministério, mas Deus estava começando a expor um véu de performance, insegurança e medo de homens em meu coração. Essa falsa identidade me impedia de ir mais fundo em Seu coração. Foi um processo longo em que Deus começou a extrair de dentro de mim todos os paradigmas e expectativas religiosas que não eram saudáveis. O grande momento de mudança foi quando, finalmente, parei de me esforçar e aprendi a me deitar e simplesmente descansar na presença de Deus.

O despertar

Nessa época, um anseio por mais de Deus começou a ser despertado em meu coração, e não era apenas para escrever canções, liderar reuniões cheias ou ser reconhecido por homens.

Eu me tornei faminto por conhecê-lO mais profundamente! Todos sabem que da meia-noite às 3 da manhã é o momento mais barulhento em um dormitório de colégio, com pizza, episódios antigos de Seinfeld, brincadeiras idiotas e pessoas estudando para provas na última hora. Mas foi durante essas horas que Deus começou a me convidar para encontros com Ele nas escadas do oitavo andar do edifício onde ficava nosso dormitório. Eu pegava meu violão e minha Bíblia e começava horas de adoração, oração e conversas face a face com Deus. A reverberação do som nos muros e escadas fazia daqueles momentos ainda mais épicos. Pela primeira vez em minha vida, comecei a experimentar a recompensa de ser um filho de Deus em Sua presença, acima de qualquer outra coisa. Ele selou meu coração e me incendiou com uma visão renovada!

Do encontro ao movimento

Conforme esses encontros de madrugada mudaram, restauraram e reformataram minha vida radicalmente, minha boca começou a se encher de novas canções, melodias e letras. Eu não podia deixar de chamar outros músicos e adoradores a se juntarem a mim nesses encontros de glória. Comecei a reunir músicos e adoradores em meu pequeno quarto de dormitório de tamanho europeu para liberar a adoração, o fluir no Espírito e experimentar a presença dinâmica de Deus! Essas foram umas das experiências mais densas, intensas e transcendentais de minha vida! Algumas vezes ficávamos por horas e horas, até a noite inteira quando estava realmente bom! Nós entrávamos juntos em ambientes de glória que não consigo nem articular com meras palavras. Novas canções e sons eram liberados. A inocência substituía o cinismo enquanto as águas da presença do Senhor lavavam nossa vida. Muitas vezes quando nos encontrávamos durante a noite para liberar nossa canção, terminávamos apenas quando o dia amanhecia. Notícias desses encontros se espalharam para muito longe! Isso fez que o quarto ficasse lotado de pessoas e nos fez ter de procurar um local maior. Comecei a me conectar com líderes da cidade que também tinham o coração queimando por adoração ininterrupta. Muitos de nós carregávamos o mesmo sonho de criar um lugar livre de qualquer compromisso a não ser engajar-se e desfrutar a presença de Deus. Inicialmente isso foi um conceito estranho em uma cidade bem religiosa. A princípio, nossos encontros foram considerados "reprováveis" e "sem cobertura" por alguns dos líderes. A oposição para estabelecermos um lugar de adoração contínua foi inicialmente tão intensa que, dentre 7 mil igrejas na cidade de Tulsa, não conseguimos encontrar uma sequer que nos permitisse usar suas dependências para nossos encontros.

Liberdade ao salmista

Deus providenciou o local perfeito: um lugar que era completamente neutro e que caracterizava nossa paixão pura. Era a parte de frente de uma loja vazia, convenientemente ao lado do melhor café da cidade. Tinha um ambiente parecido com o da escola primária de nossas reuniões de jovens que surgiram no Estado da Virgínia. Pouco sabíamos o quão brilhante era essa estratégia, pois os cafés com leite artesanais abasteceriam o som de adoração e oração durante toda as noites!

Músicos, líderes de louvor, pastores, anciãos e jovens universitários de diferentes igrejas, denominações e histórias começaram a se aglomerar neste pequeno lugar. Parecia um pedaço do céu na Terra. É irônico que em uma cidade cheia de igrejas enormes com os edifícios mais modernos e bonitos do cristianismo, Deus providenciasse um lugar vazio e simples para começar e incendiar esse movimento. Pessoas eram atraídas, pois algo nesse lugar libertava o espírito dos que ali entravam.

Uma bela transição aconteceu quando o manto de unção do salmista veio sobre os líderes de louvor e músicos da cidade. Muitos que eram presos ao espírito de performance se libertaram para profetizar e liberar canções espontâneas durantes essas sessões abertas. Uma revelação surgiu no coração deles: que eles não eram apenas marionetes que deviam cantar músicas congregacionais aos domingos de manhã, mas que eram salmistas criados para cantar os sons do céu, transmitindo mudança e vida!

Corações foram avivados naquelas madrugadas, enquanto Deus nos chamava para sermos sentinelas nos muros da cidade, conforme descrito no livro de Ezequiel 33.6,7. Um dos testemunhos mais incríveis que aconteceu naquela cidade foi que um espírito de adoração livre e rendido começou a se espalhar naqueles músicos em seus cultos de domingo! O nível da água espiritual começou a subir na região, e não foi algo restrito a uma única igreja, denominação ou ministério.

Rapidamente começamos a aumentar e expandir nossas horas de oração e adoração de 24 para até cem horas. Além disso, a frequência aumentou de uma vez por mês para duas. Os muitos líderes e pioneiros envolvidos nesse movimento informal se encontraram porque, finalmente, precisávamos de um nome para o que Deus estava fazendo. Lançamos algumas ideias diferentes, mas a palavra que estava dentro de todos nós era "The Burn" [A queima]. A decisão foi tomada porque era a palavra mais fácil e simples para descrever o que estava acontecendo durante aquelas incontáveis horas na presença de Deus. Estávamos pedindo que o fogo da presença de Deus viesse acender nosso coração, para que pudéssemos queimar e brilhar em todas as áreas de nossa vida! Em um mundo depois do Onze de Setembro, tivemos altas críticas por usarmos palavras que remetiam ao terrorismo como "Burn". Foi um risco que aceitamos correr, pois não havia outra forma de descrever o que Deus estava fazendo em nosso meio!

Perturbação divina

Ao mesmo tempo em que isso acontecia, Kate e eu estávamos desfrutando nosso primeiro ano de casados e havíamos acabado de mudar para uma nova e charmosa casa. As coisas estavam indo bem para nós, pois a empresa de negócios imobiliários que fundamos em parceria com dois amigos da faculdade estava começando a dar certo. Kate estava estudando meio período na faculdade da comunidade local e trabalhando meio período também. Nossa vida era pacífica, contida, confortável e bem conveniente. Nós até tínhamos o "The Burn" como um ministério todo mês, e eu viajava pouco pela nação liderando louvor.

Então, o Espírito Santo veio para transtornar a nossa paz e tranquilidade com frustração e inquietação! Frequentemente descrevemos a pessoa do Espírito Santo como consolador e conselheiro, mas não percebemos outros aspectos de Sua natureza. Ele realmente nos auxilia no dia a dia com essas características, mas Ele não é, de forma alguma, limitado apenas a essa descrição! O Espírito Santo é famoso por incomodar e perturbar nossa vida, a fim de ganhar nossa total atenção e alinhar em nós a vontade do Pai. Nós experimentamos isso em primeira mão durante essa estação. No início, pensei que fosse uma fortaleza demoníaca que estava me levando à beira da insanidade! Em questão de algumas semanas, comecei a me sentir frustrado, descontente e irritado com minha linda e pequenina vida. Eu tinha uma esposa bonita, uma casa nova e nada de que pudesse reclamar. Contudo, não estava feliz nem realizado. Comecei também a ter encontros, sonhos e pensamentos assustadores sobre o Tabernáculo de Davi, e a adoração e a oração 24 horas por semana.

Quando digo que foi "assustador", eu realmente quero dizer isso. Esses pensamentos inundavam minha mente e coração quase o tempo todo! Eu não conseguia tirá-los da minha cabeça. O principal versículo que me consumia era o de Salmos 132.2-5. Esse era o clamor do coração de Davi:

> ... de como Jurou ao SENHOR e fez votos ao Poderoso de Jacó: Não entrarei na tenda em que moro, nem subirei ao leito em que repouso, não darei sono aos meus olhos, nem repouso às minhas pálpebras, até que eu encontre lugar para o SENHOR, morada para o Poderoso de Jacó.

Deus começou a pesar meu coração com essa tarefa! Eu comecei a notar o tema do Pai continuamente procurando por um lugar de descanso em meio a Seus filhos em toda a Bíblia. Isso chegou a um ponto que eu não conseguia mais lidar! Certa vez, estava orando e esperando em Deus bem tarde da noite quando obtive uma resposta divina. Então, três dias depois daquela noite, deixei os negócios, vendi nosso carro conversível (ainda sinto falta dele), empacotei nossos pertences e coloquei uma placa de venda na frente da nossa casa. Kate e eu deixamos tudo e partimos, com nossas posses valiosas dentro do nosso Toyota Camry 1998.

Arriscando tudo

Nesse momento, eu não tinha ideia de como iríamos pagar nossas contas e se conseguiríamos vender nossa casa. Essas e outras questões pesavam em meu coração enquanto continuávamos a nossa busca. Nunca vou esquecer como minha esposa olhou para mim naquele momento em que estávamos saindo. Com lágrimas escorrendo em seu rosto vermelho, ela falou suavemente, com a voz falhando: "Sean, para onde vamos e o que vamos fazer?". Eu também fiquei a ponto de chorar nesse momento, e respondi da seguinte forma: "Eu não tenho ideia, mas nós vamos construir um lugar para Deus habitar em meio às nações.".

Foi assim que toda essa loucura começou. E aqui estamos nós, depois de três anos. São 648 mil milhas de voos, 28 nações, 8 álbuns completos, milhares de novos amigos, uma escola de período integral e 90 fornalhas queimando de forma consistente com adoração e oração e missões espalhadas em várias cidades por todo o mundo. Deus é fiel para cumprir as palavras que Ele prometeu! Ele está aumentando dramaticamente a Sua presença e só vai ficando cada vez mais divertido, conforme continuamos nessa "busca pela presença de Deus" pelas nações!

Uma herança
de avivamento
capítulo 3

- Andy -

Nasci em uma pequena comunidade na parte nordeste do estado de Washington. Antes de minha família e amigos se mudarem para lá, havia apenas uma fazenda com uma casa, usada principalmente para cortar madeira e fugir da sociedade. Mas, antes de eu contar sobre minha vida, vou falar sobre algumas gerações antes de mim. Minha bisavó foi uma mãe solteira que cuidou de cinco filhos em tempos bem difíceis. Sua fé intensa e confiança em um Deus benevolente e fiel a encheu de graça para criar seus filhos, além de ter um desejo inquietante de conhecer a Deus mais profundamente. Essa busca mais profunda aconteceu na mesma época em que o Espírito Santo estava sendo derramado de uma forma nunca antes vista, com o Avivamento da rua Azusa e os milagres de cura das décadas de 1940 e 1950.

Nunca mais o mesmo •

Minha bisavó e suas irmãs foram batizadas no Espírito em uma igreja chamada Angeles Temple, no Sul da Califórnia.

Naquela época, uma mulher de Deus radical chamada Aimee Semple McPherson era líder da igreja. Essa época foi um marco e um ponto de inflexão enorme em minha família. Desse momento para a frente, todos os meus familiares tiveram as veias cheias de fome por avivamento e reforma.

Meu tio-avô (tio da minha mãe) foi discipulado por um homem chamado William Branham que, ainda hoje, é considerado por muitos uma das pessoas cuja palavra de conhecimento e os dons de curar foram os mais precisos já documentados. Muitas vezes, ele falava o endereço, telefone e a doença da pessoa, e então declarava cura. Era mais comum que a pessoa fosse curada do que não fosse. Muitas vezes, salas inteiras de hospital eram trazidas para suas tendas de reuniões e todos saíam curados! William Branham disse certa vez que meu tio era como um filho para ele. Ele derramou muito sobre sua vida e tudo o que ministrou na vida do tio não caiu em um fundo vazio! Meu tio estava envolvido no começo do ADHONEP [Associação de Homens de Negócio do Evangelho Pleno], um ministério que Deus usou na metade do século XX, e continua a usar hoje, para ir às nações e financiar trabalhos missionários.

Alguns anos atrás, me sentei em volta de uma lareira com o meu tio-avô de 89 anos, para ouvir histórias de sua vida, de Willian Branham e de Demos Shakarian em primeira mão. Ele contou relatos convincentes de curas miraculosas, experiências ao Terceiro Céu, e mais que tudo, de um amor radical por Deus. Ele se lembrou de uma vez em que estava no Japão e anunciou que Deus queria curar pessoas. Imediatamente, um homem com o braço e a mão paralisados veio para receber oração. Quando eles começaram a orar, os estalos e barulhos dos ossos sendo formados e músculos sendo criados encheram o quarto, enquanto o Espírito Santo se movia de forma poderosa. Em pouco tempo, foi anunciado aos que compareciam ao Pearl Ball Room, no hotel Hilton, em Tóquio, que o avivamento havia chegado ao Japão. O braço do homem estava completamente curado. Logo após, o quarto estava cheio de repórteres, e os pastores começaram a ministrar libertação e salvação a todos que estavam lá.

O meu tio continuou contando suas histórias sobre uma vez em que ministrou na Jordânia. Ele estava em uma igreja que se reunia no teto da casa de um pastor, cheia de árabes com armas penduradas, curiosos sobre a mensagem que estava sendo compartilhada. Ao final da reunião, todos entregaram a vida a Jesus. Tantos deles foram curados e voltaram para casa, a fim de buscar outros doentes, que o pastor teve de dirigir entre a multidão para buscar o meu tio e seus parceiros antes que eles fossem literalmente esmagados.

Outra história que ele relatou foi durante a oferta anual do ADHONEP. Enquanto a oferta estava sendo recolhida, diversas pessoas haviam recebido mensagens em línguas, com as devidas interpretações. Meu tio, que era um jovem na época, sentiu que sua linguagem de oração era um vulcão em erupção prestes a explodir. Finalmente, ele não pode mais segurar e começou a berrar a plenos pulmões uma mensagem em uma língua que ele não podia entender. Como muitos outros já haviam falado mensagens em línguas, um dos membros mais velhos da congregação sentiu que essa mensagem adicional estava fora de ordem. Meu tio foi publicamente repreendido e se assentou derrotado e desencorajado, querendo apenas se arrastar para debaixo do tapete. Conforme a reunião continuou, eles estavam prestes a anunciar o total da oferta quando um participante pediu permissão para falar. Ele compartilhou que ele era tradutor de francês para as Nações Unidas desde sua formação, e disse que a mensagem que meu tio havia dado foi falada no francês mais formal e diplomático que ele já tinha ouvido em sua vida! A tradução da mensagem em línguas foi uma confirmação do propósito da reunião: uma palavra profética dizendo que viriam mais recursos através das ofertas do que eles precisavam. Quando a oferta foi contada, a palavra foi confirmada. Essa foi a primeira vez que meu tio percebeu que sua língua de oração era um francês perfeito.

Essa paixão pela presença de Deus e por avivamento foi passada para meu avô, avó e mãe. Naquela época, eles viviam perto de Los Angeles. Uma noite em 1970, minha avó convenceu meu avô relutante a irem a uma reunião liderada por uma mulher chamada Kathryn Kuhlman. Daquele momento em diante, eles nunca perderam uma reunião em Los Angeles, e minha mãe e avó logo se viram cantando no coral da Kathryn Kuhlman. Meu avô teimosamente se recusava a sentar em qualquer lugar que não fosse na primeira fileira, onde ele ouvia atentamente e gravava cada reunião com seu toca-fitas portátil. As histórias de cura que aconteceram são as mais memoráveis que eu já ouvi e a respeito das quais li. Elas foram não apenas de curas extremas, mas também da presença pura de Deus que enchia as salas enquanto a senhora Kuhlman ministrava.

Um novo começo

No final da década de 1970, meu tio-avô, meus avós e minha mãe mudaram para um pequeno vale no nordeste de

Washington, para começar uma comunidade cristã que fugisse da deterioração de moral e valores do país. Eles começaram do zero, construíram suas casas, compartilharam tudo (inclusive a vaca da comunidade) e se reuniam regularmente para adorar, ter comunhão e aprender de meu tio-avô os princípios e valores do Reino. Eu nasci em meio a esse ambiente e legado, em junho de 1980. Não preciso nem falar que cresci em uma atmosfera que naturalmente me levaria a ter fome pelo avivamento e pela presença de Deus. O sobrenatural era normal: a Bíblia era o padrão absoluto para toda a vida, vivíamos em comunidade autêntica e nosso objetivo final era que a presença d'Ele habitasse em toda a Terra.

Deixamos essa comunidade em 1988, pois muitos dos jovens casais que haviam mudado para lá estavam casados e com filhos. A falta de recursos na comunidade devido à escassez de empregos forçou muitas famílias a voltarem à civilização em busca de trabalho. Essa peregrinação levou minha família de quatro pessoas ao único lugar que poderia ser mais remoto que nosso esconderijo no estado de Washington: as Ilhas Aleutas, no grande estado de Alasca!

Meu pai havia servido na Guerra do Vietnã, em uma ilha chamada Adak, e havia se apaixonado pelo fato de ela ser remota, estéril e com muita ventania. Ela era famosa por seus ventos de 160 quilômetros por hora e a ausência de árvores. Nos dez anos seguintes de minha vida morei no Alasca. Quatro desses anos foram na ilha de Adak, e cinco na linda e pequena cidade de Homer. Contudo, conforme minhas memórias da infância foram desaparecendo, minha percepção da proximidade e do poder do Senhor também foram. A maior parte dos meus anos no colegial foram vividos com os sobes e desces de um cristianismo apático.

Mas Deus não havia concluído Seus planos comigo e com minha família. O implacável Senhor dos céus foi atrás de mim logo após eu terminar o colegial. Inocentemente me comprometi a cursar seis meses na Escola de Treinamento e Discipulado da JOCUM [Jovens com uma Missão] em Maui, Havaí. Que morador do Alasca não gostaria de passar um inverno em Maui? Mal sabia eu que Deus reacenderia o fogo em meu coração durante aquele tempo. Tenho uma dívida eterna com a JOCUM por me reintroduzir ao Salvador pessoal dos perdidos, ao Pai amoroso de toda a Criação e ao poder transformador do Espírito Santo. Foi por intermédio da JOCUM que Deus fez meu coração apertar pelas nações. Dentro de mim começou a queimar um desejo de ver um perfeito casamento da busca pela presença de Deus com uma vida que priorizasse e liberasse Sua presença, como estratégia para alcançar todas as nações.

Pedras memoriais

Lembro de momentos-chave durante minha jornada, quando senti o Senhor revelando ao meu coração que eu deveria continuar buscando esse sonho. Lembro de uma vez em que estava sentado por horas em um pequeno quarto, no porão de uma cozinha velha, em Maui, depois de ter lido Red Moon Rising [O surgimento da lua vermelha], de Pete Grieg e Dave Roberts. Comecei a sonhar com o que poderia acontecer se a Noiva de Cristo se tornasse "quente" na presença de Deus e realmente levasse esse fogo para as ruas. Lembro de um longo período de jejum que mais pareceu uma festa, enquanto, diariamente, eu pedia a Deus para levantar Seus adoradores e intercessores pelo mundo, de todas as tribos e línguas. Lembro de uma viagem que fiz para Hong Kong em 2004. Enquanto eu observava a bela paisagem urbana, ouvi o Senhor sussurrando em meu ouvido, "casa de oração e adoração em toda nação". Recordo-me de estar em pé num telhado em Katmandu, no Nepal, olhando o Himalaia ao longe e ponderando sobre o recente colapso da monarquia nepalesa. Como as pessoas clamaram contra a monarquia e, basicamente, forçaram uma nova forma de governo, elas enfraqueceram o sistema hindu inteiro, cuja base é a ideia de que o rei é a reencarnação de um dos primeiros deuses hindus. Se eles não têm rei, de fato eles não tem a reencarnação de seu deus. Enquanto eu assistia ao sol vermelho e profundo se ponto naquela bela paisagem, fui preenchido de temor pelo que o Senhor estava fazendo naquela nação destruída pela guerra. Com a mesma certeza de que iria escurecer, o Senhor me lembrou que havia um remanescente fiel de nepaleses que foram resgatados das ruas e do hinduísmo. Eles estavam orando dia e noite por mais de oito anos para que o Reino de Deus rompesse.

Recordo-me de haver acordado no meio de uma noite em Kona, Havaí, ouvindo uma voz me dizendo: "Esse negócio é como uma doença. É difícil de pegar, mas quando você pega, consume você completamente.". Eu sabia que "esse negócio" era um movimento de fome por Deus que logo tomaria conta de todo o mundo, como uma doença incurável. Pode não vir com facilidade, mas quando vem, consome!

Um compromisso divino para sempre

Anos atrás, estava em uma igreja e ministério chamado MorningStar, em Fort Mill, Carolina do Sul. Um homem que os nossos líderes e nunca vi de novo profetizou que algo de Deus viria de Dallas, Texas. Ele enfatizou que eu deveria me conectar a isso. Aqui é onde a minha história e a de Sean graciosamente se colidem. Eu estava em Maui, ensinando por uma semana na JOCUM, e aconteceu que naquela mesma semana, alguns amigos de anos anteriores envolvidos com essa base da JOCUM em Maui estavam se casando. Também aconteceu que Sean cresceu e foi para o ensino médio com a noiva. Isso acabou sendo a festa de despedida de solteiro mais ungida de que já participei!

Não me lembro de nada mais sobre aquela despedida de solteiro a não ser uma conversa que tive com Sean e que durou três horas. Ali, durante aquela conversa, o Senhor começou imediatamente a unir nosso coração e histórias. Começamos a perceber que ambos tínhamos a mesma paixão pela presença de Deus exaltada e desfrutada em um local de adoração e oração, além de querer ver o fundamento desse ministério explodir pelos lugares mais escuros e complicados do mundo. Só um ano mais tarde, quando nos encontramos em diferentes Estados e países, percebi que Sean era de Dallas e que esse movimento do Burn 24-7 era exatamente o que o Senhor havia me falado seis anos antes!

Essa história representa duas pessoas em meio a milhares e milhares de outras que estão se juntando por todo o mundo com uma paixão fervorosa pela presença de Deus, por um avivamento nos corações e uma reforma na sociedade. Esse DNA está se formando de maneira orgânica em comunidades por todo o mundo. Estamos verdadeiramente à beira de um movimento de justiça que varrerá a Terra como um fogo na floresta, levado pelo vento! Comunidade autêntica centrada na presença de Deus que inevitavelmente leva ao avivamento e à reforma!

Os faróis estão acesos

Talvez essas duas histórias e a visão que surgiu podem ser melhor explicadas através da cena de um filme bem conhecido.

Certa noite, em meio a um longo jejum, eu estava sentado em minha cama, assistindo ao filme "O senhor dos anéis", e tive a nítida impressão de que o Senhor tinha uma mensagem específica para mim. Noite após noite, eu via pequenas partes de meia hora do filme esperando algo que se destacasse. Finalmente, depois de horas vendo as versões estendidas, fiquei admirado com uma cena que me marcou para sempre.

Um *hobbit* improvável e valente escalou uma torre que não tinha nada além de madeira seca em seu topo. Quando derramou um recipiente de óleo e virou uma tocha na pilha de madeira, rapidamente ela ficou em chamas flamejantes!

Um processo havia começado e não poderia ser interrompido. O que veio depois foi uma cena de proporções épicas. A câmera mostrou as enormes cadeias montanhosas, durante o dia e a noite, com sinais de fogo nas torres, um após o outra, sendo acesas por aquelas pouco conhecidas, mas heroicas figuras. Os seus olhos haviam sido treinados e seus corações preparados para a reação em cadeia que os levaria a seus destinos. Enquanto o fogo se espalhava do topo de uma montanha para outra, ele terminou em uma comunidade de seres humanos que percebeu que o fogo era um pedido de socorro de outra comunidade prestes a ser atacada. Um homem que estava tomando seu café da manhã foi o primeiro a ver o último sinal de fogo queimando, e ele rapidamente mobilizou um exército para socorrer a outra comunidade.

Enquanto, tomado de espanto, eu assistia àquelas cenas, o Senhor falou comigo, dizendo que aqueles sinais de fogo representavam pessoas cheias de paixão pela presença de Deus. Sinais de fogo eram acesos pelos fiéis, que eram heróis relativamente desconhecidos em uma geração de vigias. O homem que havia visto o último sinal de fogo era o legítimo rei, e então o que sucedeu foi nada menos que o título do filme: "O retorno do rei".

Estou escrevendo do meu quarto de hotel, em Hong Kong. Amanhã, mais de mil cristãos chineses estarão reunidos com pessoas de mais de cem países, para ter comunhão com Deus e uns com os outros e discutir a conclusão de uma tarefa de mais de 2 mil anos: levar o evangelho a toda tribo, língua e nação. Estou convencido de que esses sinais de fogo estão sendo rapidamente acesos!

Eles não serão interrompidos. Comunidades desconhecidas na Terra, mas de realeza celestial estão se reunindo por todo o mundo. O óleo de intimidade está sendo derramado sobre toda a Terra, enquanto Deus chama Sua amada Noiva de volta para estar a Seu lado. O fogo do desejo está queimando cada vez mais forte. Orações estão subindo de todo o mundo como nunca antes na história. Milagres estão acontecendo de forma nunca vista. Ainda que a escuridão faça o maior esforço, nada poderá impedir que esse fogo queime em toda a Terra. Por fim, o Rei verá o fogo que Ele mesmo acendeu, o fogo que Ele ansiou ver! Ele se levantará como um guerreiro poderoso, com fogo nos olhos e, assim, o Retorno do Rei será mais que um filme, se tornará uma realidade.

Perspectiva do céu
capítulo 4

A palavra perspectiva é muito usada, pouco compreendida e, raramente, colocada em prática com um propósito redentor! Todos têm uma perspectiva. A questão não é se temos ou não uma perspectiva, e sim: "Quem está ditando nossa perspectiva?", "O que determina nossa perspectiva?" e "Quais valores estão moldando nossa perspectiva?".

Pare e pense por um momento. Essa manhã você acordou e começou a olhar o seu dia e vida sob uma perspectiva específica. Essa perspectiva é o que determina o filtro com o qual você vê toda sua vida. Ela pode liberar vida ou morte, alegria ou depressão, capacidade de arriscar ou medo paralisador. Eu creio que essa é uma das maiores batalhas para cristãos dos nossos dias. Como cristãos que somos, de que forma olharemos nossa vida, dificuldades, potenciais e propósitos?

Para a maioria, o fator determinante da perspectiva sob a qual olharão a vida é a circunstância. Temos nos tornado escravos das circunstâncias que nos cercam e vivido grande parte do tempo de forma reativa. Essas reações não são negativas em si mesmas, mas resultam em uma vida na defensiva ao invés de um avanço contínuo, como de um exército disciplinado vencendo batalha após batalha rumo à vitória! O que ocorre é que as perspectivas de muitos de nós são moldadas segundo as manchetes negativas, imorais e extremamente humanistas dos canais de notícias. Se isso se tornar nosso alimento diário e o relatório sobre o bem-estar ou o avanço do Reino, não será de admirar que o Corpo de Cristo tenha dificuldades para manter um senso de esperança para futuro. Geralmente, isso apenas alimenta nossa propensão ao cinismo e ceticismo em lugar de aumentar a fé para o que parece impossível.

Perspectiva de superação

Onde estão os Davis de nossa geração? Aqueles que verão os gigantes terrenos por intermédio das lentes de um Reino que não pode ser parado? Esse Reino não conhece derrota permanente; apenas contratempos, ocorrências temporárias, que sempre têm um potencial de redenção. Davi olhou para o gigante Golias com indignação por ele estar zombando do Deus vivo. Ele estava totalmente confiante e não permitiria que aquilo continuasse. É tempo de os membros do Corpo de Cristo se levantarem pela manhã, tomarem suas espadas, apropriarem-se da mente de Cristo e andarem com a expectativa de que gigantes cairão um após o outro! É tempo de não nos basearmos mais em circunstâncias, independentemente de quão difíceis e sombrias elas sejam ou pareçam ser, e rirmos das tentativas patéticas do inimigo de parar a propagação de um Reino que nada e ninguém poderá parar! Com essa perspectiva, quem pode nos deter? Muitas vezes esquecemos que Jesus nos chama de "luz do mundo". Geralmente pensamos em Jesus como a Luz do mundo, o que sem dúvida Ele é, conforme declaram as Escrituras em João 8.12. Mas Jesus ousadamente declara ainda: "Vós sois a luz do mundo. Não se pode esconder a cidade edificada sobre um monte..." (Mateus 5.14). Alguma vez você já apertou um interruptor de um quarto e viu uma batalha sendo travada para que a luz da lâmpada superasse a escuridão do quarto? Você já viu a escuridão manter sua posição e vencer a luz de uma vela ou dos primeiros raios do amanhecer? Da mesma forma, não tem como perdermos essa batalha! Nenhuma manchete, nenhum governo, nenhuma fraqueza humana, nenhum exército do inferno e nenhum colapso econômico é capaz de parar a propagação da luz do Reino!

Imagine como seria se todos os cristãos no mundo acordassem pela manhã e seu primeiro pensamento fosse a vitória de Cristo na cruz, Sua morte — que nos trouxe vida — o poder do Espírito Santo — que vive em cada um de nós — e a força de nosso Papai — que é acima de todos os papais no mundo! Esse exército de fiéis teria a capacidade de trazer mudanças e transformações enormes para todo o mundo. Eles realmente seriam a manifestação da Luz rompendo em toda nação, esfera e coração!

Tome posse da Terra

Considere as Escrituras quando falam sobre o Reino rompendo e a glória de Deus sendo liberada. Permita que a autoridade e perfeição da Palavra de Deus liberem uma perspectiva nova sobre, não apenas o que é possível, mas o que é inegociável e inevitável. Em Números 13.2, os 12 espias foram enviados em missão de reconhecimento à terra de Canaã, "terra que dou aos israelitas" *(NVI, Nova Versão Internacional)*. Note que Deus não os enviou para avaliar sua capacidade de superar os habitantes daquela terra. Ele deu a eles a tarefa de simplesmente espiarem a terra que lhes estava entregando por herança. Isso era inegociável no coração do Senhor. Ainda assim, 10 dos 12 espias foram à terra avaliando sua capacidade de tomar a terra com as lentes da possibilidade humana, em lugar de usar as lentes da promessa certa e infalível de Deus. Naturalmente, o povo gigante e a cidade fortificada eram demais para a perspectiva mesquinha daqueles espias. O resultado final foi a morte, a perda do rumo e o atraso no cumprimento das promessas de Deus. Apenas 2 dos 12 foram capazes de ver as circunstâncias com a luz da glória do Deus eterno. A resposta deles aos dez espias incrédulos foi: "Tão somente não sejais rebeldes contra o Senhor e não temais o povo dessa terra, porquanto, como pão, os podemos devorar; retirou-se deles o seu amparo; o Senhor é conosco; não os temais." (Números 14.9). Em outras palavras, "Vamos engolir esses caras porque Deus nos deu uma promessa e Ele sabe como cumpri-la!".

Quão frequentemente vivemos como os dez espias, sempre avaliando o que consideramos ser possível ou o que achamos que somos capazes de fazer. Aliás, em que momento o importante foi ter capacidade humana ou possibilidades a nosso favor? Ninguém se tornou herói andando de acordo com o que era possível. Nenhum Josué já tomou a terra avaliando suas próprias habilidades. Nenhum Davi já derrotou um gigante com a força de sua própria espada! "Se Deus é por nós, quem será contra nós?" A decisão de viver pela autoavaliação e autoanálise foi o que paralisou a fé desse enorme exército, impedindo-os de alcançar a promessa a que tinham direito. Contudo, foi logo após essa situação que Deus aproveitou a oportunidade para mencionar uma promessa que liberaria uma confiança vital e vivificante para cada coração, pessoa e circunstância: "Porém, tão certo como eu vivo, e como toda a terra se encherá da glória do SENHOR." (Números 14.21). Em outras palavras, a não ser que você possa matar Deus, nada pode impedir que Sua glória encha toda a Terra! Que promessa! Que declaração! E se essas afirmações de Deus fossem a principal fonte de nosso pensamento?

A petição de Salomão

Aparentemente, foi isso que aconteceu quinhentos anos depois com Salomão, quando fez dessa promessa o combustível para sua petição no Salmo 72.18,19:

> Bendito seja o SENHOR Deus, o Deus de Israel, que só ele opera prodígios. Bendito para sempre o seu glorioso nome, e da sua glória se encha toda a terra. Amém e amém!

Salomão se apegou à promessa de Deus para sua vida e fez uma petição que, em essência, era a seguinte: "Senhor, que isso aconteça em meus dias e em minha vida!". A fé de Salomão para fazer essa petição repousa firmemente na promessa que Deus fez quinhentos anos antes, em Números 14. Imagine

Salomão refletindo sobre a fidelidade de Deus em cumprir sua promessa a um grupo de escravos, que se tornaram nômades no deserto e, por fim, um exército poderoso com paz em todas as fronteiras e uma riqueza maior que todas as nações! Eles tinham tantas riquezas e favor que até a rainha de Sabá fez uma viagem para ver se suas histórias eram verdadeiras! A concordância de Salomão com o fato de que "toda a terra" se encheria da glória de Deus era baseada em sua confiança na promessa divina. Onde está essa confiança hoje? Temos alguma razão para duvidar de Deus e Sua fidelidade em cumprir cada um das Suas promessas?

Perspectiva do céu

Se isso não for suficiente, considere Isaías 6, escrito duzentos anos após essa petição do coração de Salomão e setecentos anos após a promessa de Deus:

> No ano da morte do rei Uzias, eu vi o Senhor assentado sobre um alto e sublime trono, e as abas de suas vestes enchiam o templo. Serafins estavam por cima dele; cada um tinha seis asas: com duas cobria o rosto, com duas cobria os seus pés e com duas voava. E clamavam uns para os outros, dizendo: Santo, santo, santo é o SENHOR dos Exércitos; toda a terra está cheia da sua glória. (Isaías 6.1-3)

Assim, não temos apenas a promessa de Deus e a petição de Salomão, mas também a perspectiva do céu! Quando Isaías viu os seres que habitam o céu, na sala do trono de Deus, eles estavam proclamando a santidade do Deus dos exércitos do céu! Sua perspectiva sobre o nosso Planeta, em seu próprio contexto, é que "a terra inteira está cheia de sua glória". Diante de seus olhos, a glória de Deus já está enchendo a terra. O que nos impede de ver isso é um fino véu de incredulidade, do peso do pecado e de nossas perspectivas humanas e terrenas. Mais uma vez, heróis são forjados quando conseguem levantar esse véu temporário da perspectiva terrena e espreitar com os olhos do céu a glória de Deus enchendo a Terra! Dessa forma, eles poderão invocar Sua glória como a lava que surge das profundezas de um vulcão! Esses momentos são o que chamamos de avivamento, milagre ou o romper do Reino! Ah, isso é viver constantemente na realidade do céu!

 Certa vez, senti-me um pouco sobrecarregado com algumas circunstâncias difíceis em minha vida. Eu estava buscando um romper em algumas áreas específicas, mas ele ainda não havia chegado. Enquanto eu buscava ao Senhor por esse romper e expressava minha preocupação de que, talvez, ele nunca chegaria, ouvi o Senhor me perguntando: "Andy, você acha que os anjos têm alguma incerteza sobre o que vai acontecer?". Essa pergunta me fez retroceder um pouco, então ponderei sobre o quão absurdo eram o medo e a insegurança que eu tinha na capacidade de Deus de liberar o Seu Reino na Sua Terra. Então veio a mim uma segunda pergunta: "Você pensa que os anjos têm alguma insegurança sobre Minha liderança?".

 Pare e pense comigo por um momento: trovões, raios e criaturas com olhos, asas e olhos em suas asas. Milhões de anjos, um mar de vidro, um arco-íris — com cores indescritíveis — e o som de uma multidão cantando. Acima de tudo, pense no próprio Senhor, alto e exaltado, sentado no trono em luz inacessível! Agora imagine esses anjos olhando para nosso pequeno e insignificante

Planeta. Eles olham para baixo e veem injustiça, dificuldade financeira, quebra de relacionamentos, casamentos precisando de cura, perdidos precisando de salvação, vícios que precisam ser quebrados e muitas outras circunstâncias realmente difíceis. Agora imagine a emoção que corre dentro desses anjos. Você acha que passa na mente deles alguma insegurança quanto à capacidade de Deus de interferir em situações como essas e trazer transformação? Você acha que, em algum momento, eles se sentem inseguros com respeito à liderança de Deus? Será que, alguma vez, eles questionam a validade das promessas divinas ou o potencial de superação do Reino de Deus? A perspectiva dos anjos é o que os leva a ter confiança e expectativa.

Imagine se vivêssemos com essa confiança contínua do céu. Fomos criados para viver e pensar sempre sob essa perspectiva, para sentir o sopro de Deus em nosso pescoço e o vento do céu em nossas costas, enquanto marchamos com uma força espiritual (não física) de superação do Reino! A insegurança não existe na perspectiva do céu. Então por que deveria existir na Terra? Se o céu está em um constante estado de otimismo divino, por que deveríamos viver de qualquer outra forma?

A **profecia** de Habacuque

A liberação da glória de Deus não é apenas uma promessa que Ele faz em Seu próprio nome, uma petição do rei Salomão, uma perspectiva do céu, mas também uma profecia não negociável declarada em Habacuque 2.14: "... a terra se encherá do conhecimento da glória do Senhor, como as águas cobrem o mar." Não deveríamos ter nenhuma dúvida em nossa mente sobre o que o Senhor pretende realizar nessa Terra.

Perspectiva. A questão não é o que Deus está fazendo ou fará. A questão é se veremos, concordaremos e participaremos disso. Esse é o tipo de situação que forja heróis. O que o despertará, sendo sua principal fonte de pensamento, a base para suas emoções e a sua confiança para o que é possível? Será que continuaremos sendo um povo que desconstrói, critica e vive segundo o que é errado? Ou nos tornaremos um povo que acredita na promessa, se junta à petição, olha sob a perspectiva do céu e cumpre a profecia de que a glória de Deus já enche e vai continuar enchendo a Terra? O Reino agora. O Reino que está chegando. O Reino aqui!

Cada um de nós tem uma escolha. Davi teve uma escolha. Seus irmãos e a maioria do exército de Israel estavam apenas vendo as circunstâncias à luz do que achavam ser possível. Eles estavam aceitando uma análise nada saudável que os levava à paralisia por medo e incredulidade. Um menino improvável, pastor de ovelhas, entrou exatamente no mesmo ambiente, com ainda menos chances do que os soldados mais velhos e experientes. Mas ele levava consigo algo que nenhum dos outros possuía: perspectiva! Seria essa nossa arma mais poderosa?

> O teu servo matou tanto o leão como o urso; este incircunciso filisteu será como um deles, porquanto afrontou os exércitos do Deus vivo. Disse mais Davi: O SENHOR me livrou das garras do leão e das do urso; ele me livrará das mãos deste filisteu. Então, disse Saul a Davi: Vai-te, e o SENHOR seja contigo. (1Samuel 17.36,37)

O Senhor que prometeu a liberação de Sua glória em Números 14 certamente cumprirá Sua Palavra! O Deus que conquistou a morte na cruz nunca será vencido!

Davi dirigiu-se ao filisteu, dizendo: "Tu vens contra mim com espada, e com lança, e com escudo; eu, porém, vou contra ti em nome do SENHOR dos Exércitos, o Deus dos exércitos de Israel, a quem tens afrontado." (1Samuel 17.45).

O mundo vem com seu arsenal de armas, mas nós iremos com a armadura da perspectiva, acompanhado do testemunho da fidelidade de nosso Deus.

> Hoje mesmo, o SENHOR te entregará nas minhas mãos; ferir-te-ei, tirar-te-ei a cabeça e os cadáveres do arraial dos filisteus darei, hoje mesmo, às aves dos céus e às bestas-feras da terra; e toda a terra saberá que há Deus em Israel. Saberá toda esta multidão que o SENHOR salva, não com espada, nem com lança; porque o SENHOR é a guerra, e ele vos entregará nas nossas mãos. (1Samuel 17.46,47)

Assim, saberemos que a vitória e a liberação de Sua glória são indiscutíveis. Não fomos enviados para avaliar nossa capacidade de andar vitoriosamente liberando Seu Reino. Ele venceu o mundo, e com essas lentes escolhemos ver tudo na vida!

Essa é a perspectiva que pode dar luz ao avivamento diante de quaisquer circunstâncias, em qualquer sociedade, seja qual for a profundidade de sua depravação. Essa é a perspectiva que pode entrar em qualquer ambiente de trabalho, esfera da sociedade, ou nação, e trazer a luz de Cristo. Essa é a perspectiva que pode enfrentar diretamente um assunto como o aborto e acreditar na reforma. Avivamento e reforma não serão possíveis sem a perspectiva de um Reino vitorioso e uma Terra que está cheia agora e continuará sendo cheia do conhecimento da glória de Deus! Apenas com essa mentalidade podemos viver com esperança, e apenas com esperança podemos levar a Noiva à sua condição mais excelente: uma condição de plenitude!

Restaurando o tabernáculo de Davi

capítulo 5

Deus está restaurando o espírito de adoração em nossos dias em um ritmo que ninguém pode mensurar! Neste exato momento, pessoas com o coração queimando estão juntas em salas de oração, igrejas, esquinas, bares, cafés, debaixo de pontes e nos lugares mais inusitados. Pessoas estão derramando seu coração e amor ao único Deus verdadeiro. A maior parte desses guerreiros de adoração não são ocidentais e nem falam inglês, pois 95% da população global vive fora da América do Norte e a igreja que mais cresce no mundo está na Ásia. Não é incrível pensar nisso?

As nações estão adorando como nunca antes se viu na história mundial. Esse movimento do primeiro amor está explodindo mais rápido e longe do que em qualquer outro momento na história. Canções, sons, melodias, ritmos, frequências, decretos e orações estão se misturando e colidindo em uma expressão única, inundando a atmosfera das cidades, regiões e comunidades com a fragrância do céu! A profecia de Malaquias 1.11 está se cumprindo:

Mas, desde o nascente do sol até ao poente, é grande entre as nações o meu nome; e em todo lugar lhe é queimado incenso e trazidas ofertas puras, porque o meu nome é grande entre as nações, diz o Senhor dos Exércitos.

Esse incenso leva fé, cura, esperança e vida a todos que o recebem. Não são apenas canções belas e ordenadas de igreja, com sequência e afinação perfeitas, mas um rugido selvagem, espontâneo e profético de amor e afeição intensa, carregando consigo uma nova autoridade, paixão e zelo!

O tabernáculo de Davi era um lugar físico localizado na Cidade de Davi, nos tempos do Antigo Testamento. Era um precursor terreno ao movimento de adoração ininterrupta que brota por toda a Terra em nossos dias. No tabernáculo, o rei Davi organizou, mobilizou e facilitou uma adoração contínua que durou 33 anos! Esse feito não foi pequeno. Ele pode ser considerado o maior projeto durante o reinado de Davi na nação de Israel. Ele pessoalmente empregou mais de 4 mil músicos, cantores, escribas e salmistas levitas com o dever sacerdotal de cuidar do louvor, da adoração e proclamação ininterrupta.

Todos os músicos que Davi empregou para o tabernáculo eram artesãos habilidosos que esculpiam e criavam seus próprios instrumentos. Eles também eram requisitados para tocar qualquer instrumento com proficiência e a memorizar a Torá (Antigo Testamento) palavra por palavra. Os músicos efetivos estavam sob a mentoria de salmistas mais velhos e experientes, até que se tornassem mentores quando seu período de serviço acabasse. Esse foi o primeiro e único tabernáculo na história de Israel que não demandava nenhuma forma de sacrifício com sangue. A única oferta necessária era um sacrifício de adoração, louvor e culto. Era também o único tabernáculo no Antigo Testamento acessível a todos os adoradores, independentemente de sua tribo familiar ou *status* social. O tabernáculo de Davi revelava e profetizava sobre um dia quando a acessibilidade viria sobre a Terra, que toda nação, tribo e língua teria acesso à presença de Deus por intermédio do sangue derramado por Jesus Cristo.

Um clima de criatividade, espontaneidade e profecia

Um clima de criatividade, espontaneidade e profecia Muitas das canções registradas no livro de Salmos nasceram nesse lugar de adoração continua, durante o dia e a noite. Esse era o epicentro artístico de criatividade inovadora para a cultura daquela época. Novos sons, ritmos marcantes, melodias tocantes e letras robustas de adoração, intercessão e louvor fluíam a cada segundo todos os dias! Imagine um fluir constante de revelação, sons profundos e riqueza de letras que não pararam durante trinta e três anos. Esse era um lugar para o qual Deus era atraído de tal forma que não ia mais embora!

Essa expressão de adoração estabelecida pelo rei Davi se baseava na revelação profética e espontânea para fazer as canções e orações fluírem. Belas surpresas artísticas estavam por todo o canto. Músicos, salmistas e adoradores eram encorajados a abandonar o senso comum e deixar envolver por uma outra esfera de glória. É por isso que seguimos o comando de "cantar uma nova canção", reiterado mais de 80 vezes no livro de Salmos. Toda revelação nova do caráter e da pessoa de Deus requer uma expressão nova de sons e adoração. Há muitos momentos em que isso acontece nos Salmos, conforme uma atmosfera de proximidade com Deus é estabelecida pela adoração vertical e a unção profética.

Nessa atmosfera, Davi liberou canções proféticas que prediziam grandes eventos na história mundial. Um dos muitos exemplos disso está registrado no Salmo 22. Durante essa canção espontânea, Davi canta as mesmas palavras que o Filho do Homem divulgaria na cruz do Calvário mais de mil e quinhentos anos depois. Que nível profético esse em que estava envolvido! Você pode se imaginar em um culto de adoração onde um cantor profetiza exatamente sobre eventos que acontecerão milhares de anos depois? Isso claramente demostra uma atmosfera rica em revelação e propícia a receber novos *downloads* do céu, enquanto músicos fiéis continuam a cuidar do lugar de descanso da presença de Deus.

A promessa de Presença

Durante essa época de adoração contínua que durou trinta e três anos, o reino de Davi cresceu em riqueza e tamanho, com paz envolvendo-o por todos os lados. Creio que o principal propósito do tabernáculo de Davi era prenunciar profeticamente que o homem Jesus Cristo caminharia pela terra muitas gerações depois, e que a liberdade da presença de Deus seria liberada para a humanidade. A duração da adoração contínua não apenas foi exatamente igual ao período da vida de Jesus na Terra, mas também retratou sobre um dia vindouro em que sacrifícios de sangue não seriam mais necessários. O sacrifício de louvor seria o som que levaria à presença de Deus, que hoje é acessível a toda humanidade.

Estamos vivendo o dia da restauração do tabernáculo caído de Davi, de acordo com Amós 9.11 e Atos 15.16, respectivamente:

> Naquele dia, levantarei o tabernáculo caído de Davi, repararei as suas brechas; e, levantando-o das suas ruínas, restaurá-lo-ei como fora nos dias da antiguidade.

> Cumpridas estas coisas, voltarei e reedificarei o tabernáculo caído de Davi; e, levantando-o de suas ruínas, restaurá-lo-ei.

Essa restauração do tabernáculo de Davi é um convite para todo grupo de pessoas, culturas e nações a entrar na Sua prometida presença. A salvação está aqui e todo judeu ou gentio é bem-vindo a provar e ver que o Senhor é bom, conforme declara o Salmo 34.8. Todos podem convidar a pessoa de Deus a fazer morada permanente em seu coração. Essa é a mais importante das muitas promessas, promessa que nos permite ser o cumprimento dessa palavra profética.

Cumprimento legal

Outro aspecto dessa promessa profética é a reconstrução literal da adoração contínua, criativa, fervorosa e vertical que está rapidamente acontecendo sobre toda a Terra. Milhares de fornalhas, salas de oração e reuniões de adoração por toda a noite estão surgindo em todo o Planeta! De fato, são tantos que é impossível mensurá-los! Músicos, artistas, salmistas, intercessores e pessoas de praticamente todas as nações, que amam a Deus, estão reconstruindo o altar de adoração ininterrupta, amor e entrega apaixonada ao Senhor.

Uma mudança definitiva já está acontecendo e se tornando evidente com encontros de milhares de pessoas que se reúnem para adorar, orar e simplesmente estar na presença de Deus. A reconstrução começou, a construção está aqui e o Reino está próximo.

Seja nas cavernas subterrâneas das igrejas da China, nos penhascos do Himalaia, no Nepal, nas favelas em meio às pilhas de lixo no Burundi ou nos sofisticados e contemporâneos edifícios na Escandinávia, a canção profética do Senhor está surgindo! Líderes, pastores, pais e mães apostólicos estão trocando suas agendas lotadas na igreja pela liberdade e simplicidade de se perder na beleza da presença divina. A Igreja está começando a aceitar completamente sua verdadeira identidade de "povo de Sua presença". A revelação está nascendo na Igreja de Cristo onde fomos inseridos, para a qual fomos desenhados, formados e criados, para tomar o nosso lugar em atividades de adoração ininterrupta! Nós estaremos reunidos diante do trono de Deus por toda a eternidade, gritando a plenos pulmões "Santo, Santo, Santo", como podemos vislumbrar em Apocalipse 4. Essa mudança está bem encaminhada pela Igreja no mundo e está resultando em uma manifestação cada vez maior da glória de Deus em nosso meio.

Retornar ao primeiro amor

Possivelmente um dos mais belos aspectos da restauração davídica enchendo a Terra é o chamado para a Noiva retornar a seu primeiro amor. Às vezes, creio que nós, da igreja ocidental, temos nos tornado tão espertos, com nosso conhecimento, nossos programas, recursos e métodos, que tem sido fácil esquecer e silenciar o clamor do primeiro amor queimando profundo em nosso coração. De muitas formas, temos construído um modelo e máquina de igreja que pode funcionar eficientemente, mas ao mesmo tempo pode negligenciar o custo de cultivar uma real intimidade com o Pai e receber favor, graça e poder que só podem vir d'Ele.

Alguns meses atrás, eu estava reunido com a liderança mundial do Burn 24-7 em nossa conferência anual global em Dallas. Líderes vieram de todos os continentes do mundo para um tempo de construção de relacionamentos, busca conjunta a Deus por uma estratégia e para uma refeição, comendo o melhor churrasco de todos! O tópico de uma de nossas conversas intensas – ou "sessões caveira", como eu as chamo – foi definir qual o chamado do Burn 24-7 em uma simples frase. Existem parágrafos, páginas e pontos em panfletos, *sites* e vídeos, descrevendo muitas visões, paixões e comissionamentos nos quais estamos envolvidos pelo mundo, o que inclui missões globais, justiça social, escolas, estágios, vídeos e muito mais.

Enquanto estava trabalhando para colocar tudo isso no papel em uma frase longa e sólida, o Espírito sussurrou em meu ouvido: "Você já se esqueceu? É tudo sobre voltar ao primeiro amor.". Imediatamente, memórias de várias pessoas, lotando um pequeno quarto de faculdade, rendidas adorando de forma intensa inundaram minha mente. O som de tudo isso ecoou em meus ouvidos e reverberou em minha alma. Tive uma forte convicção em meu coração naquele dia e caí de cara no chão.

Essa reconstrução do tabernáculo de Davi é o retorno ao lugar onde o verdadeiro comissionamento acontece.

Nessa estação de expansão e domínio do Reino em toda a Terra, não podemos ser um povo ou igreja que abandona o primeiro amor, como foi dito a respeito da igreja de Éfeso, em Apocalipse 2. Nem podemos ter qualquer esperança de alcançar o segundo maior mandamento se somos displicentes e propositadamente negligenciamos o primeiro. O primeiro mandamento empodera o segundo mandamento. Estar ocupado não é uma desculpa. O ministério não é uma desculpa. Até a família não é uma desculpa. Nossa esperança não vem de compartilhar amor de forma apropriada com nossa esposa, filhos, pais, ou vizinhos se não formos primeiro à Fonte do verdadeiro amor. O mover de adoração e oração que está vindo sobre a Terra nos permite rever cuidadosamente nossas prioridades, para assim retornarmos ao primeiro amor.

O lugar do encontro

Somos constantemente surpreendidos e ficamos maravilhados com o que acontece quando prestamos atenção a Jesus no capítulo de abertura do livro de Atos. Ele disse para a igreja primitiva esperar ou "tardar" em Jerusalém, até que a transmissão do fogo fosse liberada. Imagine isso! Eles haviam acabado de servir com Ele por muitos meses. Eles viajaram juntos para perto e para longe, viram quando Ele realizou os maiores milagres que o mundo já presenciou, ouviram todos os Seus sermões e ensinamentos e até receberam Suas exortações. E, depois disso, eles até começaram a pregar, ensinar e fazer milagres, tudo sozinhos!

Eles devem ter ficado radiantes e com o coração queimando ao compartilhar as notícias do que acabara de acontecer por intermédio da ressurreição do Homem que eles amavam! Eles nunca antes estiveram tão desejosos ou preparados para cumprir o comissionamento divino como naquele momento. E qual foi a ordem que Jesus deu a eles? Esperem pelo encontro. Por que Ele diria algo assim? Havia uma medida que Jesus queria liberar na vida deles que não poderia ser ensinada, aprendida ou mesmo extraída de experiências passadas. Ela veio na forma do Espírito Santo, e teve de ser captada em um lugar de encontro.

Em muitas cidades pelo mundo, pessoas geralmente me perguntam: "Você pode nos ensinar sobre esse 'negócio do fogo', dar a mecânica de como tudo funciona e falar para nossos músicos e adoradores sobre como ser livre na presença de Deus?" A princípio, trabalhei duro para detalhar toda explicação e precedente bíblico, além de ajudar as pessoas a entender a função desse movimento de reconstruir o tabernáculo de Davi. Apesar de isso tudo ser bom e necessário às vezes, o que descobri no final foi que nada pode substituir a experiência em Sua presença e o "pegar o fogo" eles mesmos. Essa revelação é mais captada do que ensinada. Todo ser humano está sendo criado para se juntar a essa canção. Quando nos reunimos na presença de Deus em volta do trono, é naturalmente sobrenatural o coração queimar diante d'Ele como uma expressão de adoração!

Mudança de estação

Uma das minhas grandes heroínas na fé, uma verdadeira mãe e pioneira desse movimento de corações queimando pelo mundo, é Heidi Baker. Ela profetizou uma palavra sobre minha vida e minha equipe de 12 músicos, adoradores e avivalistas quando seguíamos para um *tour* de um mês do Burn 24-7 na Europa. A palavra veio de Cantares de Salomão 2 e focava na mudança de estação que está acontecendo pelo Planeta. É uma estação de cantar, onde "o inverno passou" e "aparecem as flores na terra" (Cantares de Salomão 2.11,12). Estamos realmente caminhando rumo a um novo dia em que a fragrância do conhecimento de Jesus inundará a Terra! Devemos entender que o total cumprimento do tabernáculo de Davi não vem apenas com a restituição do som de adoração ininterrupta, mas com uma mudança divina que abre o caminho para uma nova estação sobre a humanidade. Isso é revelado nos versículos logo após o chamado para reconstruir o tabernáculo, em Amós 9.13: "Eis que vêm dias, diz o Senhor, em que o que lavra segue logo ao que ceifa, e o que pisa as uvas, ao que lança a semente; os montes destilarão mosto, e todos os outeiros se derreterão.".

    Esse versículo profetiza essa mudança que já está acontecendo na Terra, como resposta à restauração do som de adoração e oração. Seremos comissionados a trazer cura a um mundo decaído nesse lugar de encontro e descanso. A liberação lendária de fogo e glória na experiência de Atos 2 marcou o primeiro encontro da igreja primitiva com o Espírito Santo. Essa experiência também incendiou o primeiro grande movimento de missões, justiça e evangelismo. Aquele simples encontro foi o ponto de origem de um novo som que trouxe uma onda de pregações apaixonadas e ousadas da Palavra, sinais e maravilhas sobrenaturais e uma salvação autêntica e permanente. Tudo isso levou à completa transformação da cultura daquela época.

Estamos começando a experimentar a plenitude do que foi prometido, conforme o Espírito toma controle completo de nossas humildes salas de oração, reuniões de adoração e fornalhas. Do lugar onde a chama do primeiro amor é alimentada, estamos ouvindo a verdadeira batida do coração do Pai. Ele está nos comissionando a espalhar o fogo pelo mundo! Nossas canções, orações e petições estão começando a manifestar o fruto autêntico da salvação na Terra. Esse som que surge de um exército apaixonado pelas nações é a multidão poderosa de toda nação, tribo e língua, cantando o coro de Apocalipse 22.17: "O Espírito e a noiva dizem: Vem!".

Adoração na sala do Trono

Que belo dia estamos vivendo. O som da "adoração na sala do trono" está sendo estabelecido pelas nações do mundo. Isso não é restrito apenas às fornalhas do Burn 24-7, casas de oração, grandes conferências, ou uma denominação em particular, mas é um mover que está envolvendo e varrendo o Planeta! Nossos ouvidos estão fechados aos ruídos pessimistas e humanistas da sociedade. Estamos nos sintonizando para ouvir e atender ao chamado "venha comigo" (Cantares de Salomão 2), para irmos a lugares mais fundos e altos em Sua presença.

Estamos até perdendo a tradicional previsibilidade nos nossos cultos, ao permitir que o Espírito Santo nos guie em uma jornada rumo ao coração de Deus. Três canções agitadas seguidas de três canções lentas não é mais a norma. Seguimos o rio, cheio de surpresas e de aventura! As reuniões e ministérios não são mais dirigidos apenas por personalidades carismáticas com ministérios abençoados, mas pela atmosfera de adoração intensa. A fome em muitas dessas reuniões está levando uma demanda ao céu. Essa demanda está fazendo o céu responder e liberar os excelentes dons que foram prometidos aos filhos e filhas de Deus. Milagres extraordinários, salvação genuína, curas surpreendentes, visões abertas, sonhos e encontros estão se tornando comuns. O som puro desse desejo está trazendo os perdidos, feridos e famintos, e esse clamor autêntico está puxando-os para mais fundo.

A transição está em vigor e tem mudado o panorama da Igreja global. Como é bela e oportuna essa transição! Antes, costumávamos nos reunir em volta do púlpito para ouvir e receber de ministros abençoados e ungidos, mestres e profetas. Nosso principal objetivo era receber, enquanto a adoração era normalmente usada para "nos aquecer" ou "preparar nosso coração" para o ministro se mover. Apesar de isso não ser uma motivação errada, representa um padrão antigo e menor de pensamento.

Um novo dia está surgindo na Igreja, enquanto caminhamos de "glória em glória", conforme 2Coríntios 3.18. Nosso coração está se dilatando e ardendo somente por Ele! As atividades do céu estão se tornando as atividades da Terra, conforme nos reunimos em volta do trono de Deus, como testemunhado em Apocalipse 4. Nosso único propósito e prioridade é adorá-lO em Espírito e em verdade. Novas canções espontâneas, frequências de fé e ritmos de amor estão sendo liberados, enquanto uma onda poderosa de criatividade e liberdade está se chocando com o povo de Deus. Nosso foco está mudando do receber de um "homem de Deus" para o derramar adoração, amor e culto à "Pessoa de Deus" que habita em nosso meio.

O Renascimento começou

Com essa explosão de adoração na sala do trono, que está incendiando todo o mundo, veremos a Igreja brilhando como nunca antes, com a música e as artes. Conforme nossas programações, fórmulas e agendas são quebradas e reorganizadas pela glória radiante da presença de Deus habitando em nosso meio, uma nova liberdade e motivação está vindo sobre músicos, artistas, poetas e compositores. Um poço de criatividade está começando a ser descoberto ao conectarmos diretamente com o Criador do Universo. Ele continua revelando novas facetas de Sua pessoa toda vez que O buscamos.

Estas facetas nos impelem a expressar Sua majestade de novas formas. Canções, melodias, poemas, pinturas e dança estão surgindo de outra esfera, que aponta para Ele e O revela. Conforme esse ambiente de adoração na sala do trono for sendo cultivado em nosso meio, creio que começaremos a ver o renascimento mais radical nas artes que a Igreja já testemunhou na história. Isso já começou a acontecer em certo grau, mas creio que está apenas no começo.

Eu vejo um dia em que a Igreja voltará a protagonizar na área das artes e da música pelo mundo. Sons nos carros, televisões, telas de cinema e casas serão em breve inundadas com o som belo, complexo e criativo da adoração na sala do trono que chama até os perdidos a irem mais fundo. Livros serão cheios de imagens poéticas vibrantes descrevendo encontros impressionantes com a presença de Deus, cores, sentimentos e expressões que nunca foram captados antes. O mundo então começará a imaginar de onde tal profundidade de inspiração e criatividade podem vir.

É chegada a hora

Esse é o tempo mais emocionante e vibrante da história. Estamos testemunhando as nações do mundo construindo altares de adoração e oração ininterrupta. Esse é um ato de resposta à Sua bondade e fidelidade. Sabemos que quando chamamos o Seu nome e buscamos Sua presença, Ele invade e inunda nossas comunidades, cidades e nações. O crescimento dramático do movimento de adoração e oração é espantoso. Ele está explodindo em um ritmo tão rápido que é impossível reunir os dados mais recentes ou até identificar qual o escopo desse mover.

Cerca de vinte anos atrás, havia apenas algumas fornalhas de oração, casas de oração ou lugares de adoração ininterrupta na Terra. Há muitos exemplos na história, como dos morávios e os celtas, que são inesquecíveis. Mas há pouco tempo, poderíamos contar em uma mão o número de comunidades pelo mundo trabalhando para restaurar um lugar de oração e adoração 24 horas por semana. A oração e adoração contínua e a restauração do tabernáculo de Davi não estavam nem no radar da maioria das igrejas, ministérios e líderes.

Os precursores e os pioneiros modernos

Apesar desse aparente desvio de rota, Deus sempre responde na hora certa. Ele levantou precursores, pioneiros e heróis que carregaram o desejo que estava no coração de Davi: ver oração e adoração ininterruptas no centro da Igreja novamente. Homens e mulheres como Joy Dawson, uma professora do enérgico movimento da JOCUM (Jovens com uma Missão), que viajou o mundo ensinando princípios bíblicos da intercessão, na década de 1970, e transformou a mente dos cristãos. Seu ensino ajudou a estabelecer um fundamento bíblico para um estilo de vida de adoração, oração e jejum estendido que foi recebido por uma geração. Ela também abriu o caminho para uma revelação maior que viria no futuro.

David Yonggi Cho, da Coréia do Sul, seguiu um sonho de construir um lugar de oração na montanha, que se tornou um santuário onde pessoas poderiam se esconder em pequenos cubículos para períodos intensos de oração e jejum. Inicialmente, a construção foi em 1973, depois o lugar foi renovado em 1982, para acomodar mais de 10 mil pessoas. Hoje, mais de quatro décadas depois, milhões de pessoas continuam visitando esse lugar e engajando-se em adoração e oração 24 horas por dia! O pastor Cho também provou como oração e adoração contínuas pode revolucionar a sociedade e a cultura completamente, como foi visto com a ascensão moderna e o sucesso econômico da Coréia do Sul.

Lou Engle era um homem simples na Califórnia do Sul, que liderava grupos de oração pequenos e pouco frequentados e ganhava a vida cortando grama. Deus começou a inflamar seu coração com o sonho de organizar assembleias solenes massivas, de acordo com Joel 2, para mudar a cultura e chamar a nação de volta para Deus. Depois de uma jornada incrível seguindo o vento de Deus, o primeiro encontro "TheCall" foi lançado em Washington, DC, no ano de 2000. Conforme mencionado anteriormente, mais de 450 mil pessoas, com corações queimando, de muitas denominações, correntes, movimentos e igrejas se juntaram no

National Mall para clamar por avivamento nos Estados Unidos. Aos 16 anos, eu estava em meio às massas naquele dia, e fui para sempre marcado por aquele evento estratégico. Uma mudança significativa aconteceu nos Estados Unidos. Creio que até o rumo das eleições que aconteceriam naquele mesmo ano foi alterado.

Tarde da noite em uma sala de oração subterrânea na Inglaterra, Pete Greig do 24/7 Prayer escreveu uma oração na parede intitulada "A visão". As palavras vazaram na manhã seguinte e inflamaram uma nova fé, esperança e perseverança no coração de inúmeras pessoas com a mesma paixão. A mensagem se espalhou como fogo na floresta e infectou como um vírus milhares e milhões! Eu não conheço uma única pessoa no movimento de oração e adoração que não foi completamente mudado por essas palavras! "A visão" trouxe uma linguagem e articulação muito necessária para uma geração sobre o que Deus estava fazendo por intermédio desse ruído pela Terra. Pete continua a mover corações hoje com os livros que ele escreve e o movimento 24/7 Prayer que ele lidera com centenas de salas de oração pelo mundo.

Mike Bikle implementou e organizou um modelo internacionalmente conhecido de oração e adoração ininterrupta em Kansas City, Missouri, com a Casa Internacional de Oração (IHOP). Ele também tem a habilidade de treinar uma geração a sustentar o seu fogo queimando por intermédio do crescimento no conhecimento de Deus. O Senhor tem usado Mike para catalisar um movimento e encargo de restaurar o tabernáculo de Davi como primeiro plano da agenda da Igreja pelo mundo. Ele está literalmente testemunhando a visão que Deus lhe deu, na década de 1980, tornar-se realidade: que a face da Igreja seria transformada em apenas uma geração.

Muitos outros pioneiros, líderes, profetas e corações davídicos por todo o mundo têm deixado um rastro resplandecente que estamos humildemente seguindo. É uma honra e um privilégio viver em uma geração com tantos pais e mães que corajosa e destemidamente carregaram a tocha adiante!

Aceleração divina

Como resultado de sangue, suor, lágrimas e a visão desses desbravadores e outros incontáveis na história, um romper está acontecendo. Em concordância com a estação de aceleração divina que está preparando o caminho para o retorno de Cristo à Terra, esse movimento global de oração e adoração está mais forte do que já esteve em toda a história da humanidade.

Hoje há milhares de milhares de fornalhas, casas de oração e reuniões de adoração em praticamente toda nação e região do mundo. Milhões estão se reunindo toda semana pelo mundo para organizar essas fornalhas e salas de oração. Já se foram os dias de reuniões de oração e adoração vazias, velhas e dilapidadas. Esse novo movimento é marcado pelo fluir de adoração profética e espontânea, orações impetuosas, intercessão, jejuns radicais e uma concordância em massa que move o céu e muda a Terra.

Quer seja o 58º andar de um arranha-céu em Nova Iorque, uma cabana com telhado de sapê nas selvas de Borneo, Indonésia, um porão no deserto do norte do Iraque ou um café na região do centro da cidade de Perth, Austrália, o tabernáculo de Davi está sendo reconstruído em nossos dias. Essa fragrância de adoração ininterrupta está trazendo uma transformação e salvação divina à Terra. O que foi profetizado e prometido em Malaquias 1.11 está se cumprindo em nossos dias.

Incêndio incontrolável

O que vem a seguir é apenas um aumento e aceleração do que já está acontecendo. Estamos testemunhando um nível impressionante de crescimento que não pode ser contido, categorizado ou contado!

O Senhor falou comigo sobre isso muito cedo, durante o primeiro ano em que o movimento Burn começou a incendiar pela nação. Uma expansão estava acontecendo em ritmo tão rápido que cidades e nações de todo o mundo começaram uma "fornalha Burn" sem mesmo estarem conectados com nossos líderes. O fogo estava se espalhando e a Palavra estava fluindo, mas eu estava frustrado.

Eu tinha uma preocupação crescente sobre a consistência desse movimento, que estava sob uma explosão de crescimento isolado e incontrolável. Isso era especialmente verdade em lugares pelo mundo em que eu não tinha conexão e relacionamento com muitos dos novos líderes e diretores que surgiam. Comecei a compartilhar minhas frustrações com o Senhor e Ele mostrou-me como eu estava querendo controlar a situação e não entrar plenamente no incêndio que Ele estava provocando.

Em nossa conversa, eu disse abertamente ao Senhor que tudo aquilo havia tomado uma proporção muito grande; tudo estava muito confuso e também muito desorganizado. Eu não conhecia os nossos líderes como realmente gostaria e estava preocupado que estivéssemos perdendo a consistência, conforme mais grupos, cidades e nações se envolviam. Então cheguei à conclusão de que aquele mover havia se tornado um incêndio incontrolável que ninguém poderia parar!

Imediatamente, ouvi a voz audível do Senhor respondendo: "Esse é exatamente o jeito que eu gosto, Sean". O momento da volta de Cristo está mais próximo do que nunca esteve. Toda nação, tribo e língua está estrategicamente tomando seu lugar para chamá-lO de volta! Você e eu somos parte desse exército e dessa canção em conjunto. Esse movimento santo que envolve a reconstrução da tabernáculo de Davi está a todo vapor como nunca antes. O Reino de Deus está sendo estabelecido em nosso coração e na Terra, enquanto Ele é entronizado pelos louvores de Seu povo, como promete Salmos 22.3: "Contudo, tu és santo, entronizado entre os louvores de Israel.". A vinda do Reino pela oração e adoração ininterrupta, consistente e fervorosa está trazendo a maior colheita de almas que o mundo já viu.

Novo som para
um novo dia
capítulo 6

Esse mover impactante da presença de Deus leva consigo um novo som, que nunca antes foi ouvido na história. Os avivamentos, renovações, despertamentos e moveres de Deus mais significativos no decorrer da história têm sido caracterizados pelo som que os acompanha. Esse som tem capturado o movimento de Deus e revela o que acontece em cada estação em particular. Hoje é uma nova estação, que demanda a liberação de um novo som.

Os sons da história

Um exemplo perfeito de um som que capturou o que Deus estava fazendo em uma estação específica foi no, mundialmente conhecido, Avivamento em Gales. Esse avivamento, que explodiu em 1904, durou dezoito meses e resultou na salvação de mais de 300 mil pessoas. Hoje em dia, ele ainda é normalmente mencionado como o "avivamento dos cânticos" em Gales. Ano passado, visitei a Moriah Chapel [Capela Moriah], onde uma dúzia de adolescentes ajudaram a incendiar o lugar e ficaram "muito loucos" (no bom sentido, é claro). Atrás de uma das salas da capela, havia montes e montes de canções e hinos que uma vez inundaram suas reuniões. Havia um som associado com aquele mover explosivo de Deus, que está registrado naqueles livros. Muitas das reuniões eram de fato guiadas pelas canções espontâneas e proféticas que surgiam, quer fossem sons de cura, restauração, arrependimento, intimidade ou alegria.

Os lendários morávios em Herrnhut, na Alemanha, fizeram uma reunião de oração que durou mais de cento e vinte anos. Eles também são reconhecidos pelo som de suas reuniões de oração e adoração versáteis. Eles também são um excelente exemplo de um novo som que incorporou um novo mover de Deus. Muitas vezes, a igreja fazia reuniões espontâneas nas ruas da cidade, ou até mesmo no meio da floresta! Eles cantavam os hinos de sua época tão alto durante suas reuniões de oração pela manhã que atraíam outros a virem e se juntarem a eles. Era como se fosse um chamado para despertar pela manhã e um alarme para a cidade! Assim, podemos chegar à conclusão de que um novo som, em ambos os casos — Gales e Morávios —, trouxe uma nova estação de rompimento, avivamento e do poder de Deus.

Da mesma forma, o evento mais significativo depois da ressurreição de Jesus, no Novo Testamento, também foi caracterizado por um som. Ao obedecerem às últimas palavras de Jesus, *"esperem pela promessa de meu Pai"*, os famintos se reuniram para adorar, cantar e jejuar por várias semanas, conforme está descrito em Atos 2. De repente, "veio do céu

um som, como de um vento impetuoso, e encheu toda a casa onde estavam assentados." (v. 2; grifo do autor).

Sempre imagino qual seria o som que veio naquele lugar. Adoração, intercessão, um vento forte do céu e chamas de fogo estavam todos misturados em um rugido explosivo que sinalizava a vinda do Espírito Santo sobre as pessoas! Além disso, veja o que ajuntou a multidão curiosa para experimentar o "choque e admiração" deste momento: "Ouvindo-se **o som**, ajuntou-se uma multidão que ficou perplexa, pois cada um os ouvia falar em sua própria língua." (Atos 2.6, *NVI*; grifo do autor).

Esse era o som que cativava uma geração perdida e os chamava a admirar uma nova frequência. Conforme eles se aprofundavam e vinham de todas as partes, recebiam a salvação e seguiam a Jesus.

O fervor está aqui

Assim como o mover do Espírito de Deus ao longo da história foi reconhecido por seu som único, um novo som está sendo liberado para trazer uma nova estação à Terra. Esse som que está emergindo tem menos a ver com um novo estilo, gênero musical, *reverb* de guitarra ou moda do momento; ele representa mais precisamente um despertar de fome, paixão e desejo profundo de nosso coração. "Abismo chama abismo" (ver Salmos 42.7, *NVI*), nessa explosão de fervor autêntico e radical que tem estado dormente por muito tempo e agora está sendo liberada para todo o mundo.

Não confunda ou pense que esse som é uma moda ou manipulação. Ele é um grito humilde de louvor surgindo das profundezas do nosso ser, para expressar e dar glória, honra e poder a quem merece! É um som de fé profético se juntando ao coração de Deus, que "chama à existência coisas que não existem, como se existissem" (Romanos 4.17, *NVI*). Esse é um som que é mais alto, forte e poderoso do que o ruído pessimista e negativo de nossa era. Em suas frequências, a fé, a esperança, o amor e a vida estão acessíveis a todos que o ouvem. Esse som já começou a tomar conta das ondas do ar e continuará aumentando mais e mais até que o dia da vinda do Senhor se aproxime rapidamente.

Um som à esterilidade

No início de cada Ano-Novo, a tribo de líderes, músicos e "queimadores" do Burn 24-7 de mais de 80 cidades pelo mundo se juntam em um jejum coletivo, com duração de, pelo menos, uma semana. O propósito desse jejum é posicionar nossos líderes globais em um lugar de consagração, de onde podemos buscar a Deus por direção, orientação e visão para a próxima estação. Pessoalmente, esse tempo sempre é poderoso para mim, pois somos saturados de revelações pesadas que direcionam nosso espírito a um novo ano.

Quando estávamos mais ou menos na metade de um desses jejuns, fui sobrecarregado pelo estado quebrado, desiludido e despedaçado de minha nação, os Estados Unidos da América. Isso impactou meu espírito de forma tão profunda que um senso de desesperança e inquietação encheu meu coração. Em meio a um grande movimento que Deus estava liberando pela minha nação, tudo que eu podia pensar era a extrema esterilidade da Terra. Lembrei-me das estatísticas realistas e tendências assombrosas que revelam a profundidade da depredação moral que estamos experimentando. Milhões de pessoas de minha geração estão se afundando em sua própria desilusão e em uma fossa de perversidade. Raramente tenho esse tipo de sentimento. Eu realmente me considero um otimista. Sei que Deus nunca libera essas revelações sóbrias sem já ter uma solução para elas, mas eu não me deparei com nenhuma solução naquele momento. Aquilo me feriu como um sentimento pulsante, intenso e dolorido, e me levou imediatamente a uma intensa intercessão. Na verdade, pensei que estava sentindo uma fração da dor no coração de Deus enquanto Ele chorava pela nação.

Comecei a orar pelas fornalhas Burn que temos plantado incansavelmente nos Estados Unidos nos últimos três anos. Vi imagens dos diretores de cada cidade corajosa e implacavelmente reunindo suas tribos para liberar um incenso que inundasse ruas, casas, igrejas, escolas, empresas e bares. Vi jovens e velhos reunidos em salas de oração à meia-noite de sextas-feiras em igrejas, lojas e até *pubs*. Ouvi suas canções e orações exaltando e entronizando a Deus, enquanto pediam por um mover de amor que trouxesse unidade, paz e paixão às suas cidades. Eles estavam pedindo por um mover que confrontasse a apatia e complacência da religião e que chamasse os filhos e filhas de Deus a serem revelados, conforme descrito em Romanos 8.19.

Conforme orava, vi uma banda de *hippies* loucos, jovens e cabeludos tocando seus três acordes enquanto tomavam seus lugares como vigias do muro às duas e meia da manhã. Ninguém estava naquele lugar; até o técnico de som havia ido dormir. Mas havia a audiência d'Aquele que nunca dorme. Enquanto todos na cidade dormiam e descansavam,

eles lutavam, queimavam e desfrutavam a presença de Deus. Então o Senhor falou comigo com sua tão poderosa, majestosa, suave, autoritária, mas doce voz: "Essa é sua estação de cantar pela esterilidade da Terra... e vê-la ganhando vida.".
Fiquei acabado e comecei a chorar ao ouvir essas palavras. O texto de Isaías 54.1 veio imediatamente à minha mente, como profecia para esta estação em minha nação:

> Canta alegremente, ó estéril, que não deste à luz; exulta com alegre canto e exclama, tu que não tiveste dores de parto; porque mais são os filhos da mulher solitária do que os filhos da casada, diz o Senhor.

Ganhando vida

Nas semanas seguintes, Deus começou a abrir meus olhos durante os momentos de adoração e comecei a ver coisas que nunca havia visto antes. Conforme começávamos a adorar nos cultos, conferências e reuniões da igreja, eu podia ver o peso, a opressão e esterilidade nos corações, à medida que os ministros entravam na sala e se preparavam para cumprir o dever de um "exercício religioso". Apesar de ter sido um pouco intenso ter olhos para ver isso acontecendo, pelo Espírito, uma bela transformação estava prestes a acontecer! É interessante que, quando vivemos tempos de luta, carência e desapontamento, a Bíblia nos conduz a uma resposta aceitável e apropriada: CANTE!

Conforme entrávamos em Sua presença, encorajei veementemente os que sentiam esse peso a cantar e inundar a atmosfera com seus sons de adoração, louvor e proclamação profética. Eu podia ver as frequências e melodias do céu surgindo enquanto corpos se juntavam no cântico dos anjos, anciãos e de toda a criação. O sopro de Deus estava liberando vida àquelas pessoas quebradas, e elas estavam literalmente "ganhando vida" conforme entrávamos mais profundamente na presença de Sua glória. Esperança, sonhos, vida, fé e uma energia nova foram restauradas, enquanto esse som continuava! O livro de Tiago nos ensina que a vida e a morte estão sob o poder da língua (Tiago 3.2-12). Quando liberamos este som de vida, fé e esperança de nossa boca, podemos profetizar para nós mesmos, nossas famílias, cidades e nações uma nova estação de plenitude e restauração! Não é incrível compreender isso? Quão bela é a verdade desse novo som profético que Deus está restaurando em nossos lábios!

Nova fé para um novo dia

Essas experiências restauraram esperança, visão e fogo em meu interior para liberar novas canções que chamam o que está morto de volta à vida. Deus liberou um mandato sobre nós durante o jejum global anual, para espalhar esse som de despertamento por todas as nações. Isso acabou gerando o maior e mais abrangente projeto de gravação de toda a minha vida, intitulado "Renascimento e Recuperação" [Rebirth and Reclamation]. O projeto foi um experimento, diferente de todos os nove álbuns anteriores que havia produzido e gravado. Usamos diversos métodos nada convencionais e inovadores, com o propósito de criar um som que levaria uma nova fé para um novo dia. Os produtores, músicos e engenheiros de som todos concordaram que precisavam garantir meticulosamente que todo tom, inflexão, melodia, ritmo e frequência realmente levasse consigo o som da ressurreição.

Muitos de nós temos permitido que a voz da mídia liberal e da sociedade secular entre em nossa mente, casas, famílias e igrejas por muito tempo. Essas vozes mundanas têm sido usadas para profetizar desânimo, contenda, recessão, medo e pânico, enquanto a Igreja deveria definir o tom com um potente som de vida! Este novo som de fé que está sendo liberado leva consigo confiança e coragem. Ele está convidando os ouvidos do mundo a uma nova música. Para ganharmos uma perspectiva renovada sobre o lugar onde esse som nasce, precisamos ouvir a mesma voz do Espírito, dirigida a João em Apocalipse 4: "sobe para aqui". Não podemos mais cantar, adorar, orar ou profetizar com nossa perspectiva atual e carnal de medo. Ela deve vir de um lugar mais alto. A canção subirá conforme a medida da nossa fé (Romanos 12.6). Método, mentalidade e perspectiva renovados já estão provocando grandes testemunhos de rompimento pelo mundo.

Transformação em zonas de prostituição

Alguns anos atrás, Deus trouxe peso em nosso coração pelas zonas de prostituição das nações. Era um tema que continuava surgindo nos momentos de adoração tarde da noite, em muitas de nossas fornalhas ao redor do mundo. Na realidade, pedir a Deus habilidade de sentir e conhecer o sentimento de Seu coração é uma oração bem perigosa! O que acontece quando Ele começa a nos responder?

Lembro especificamente a noite em que minha esposa recebeu algo enorme da parte de Deus quanto à prostituição infantil e ao comércio sexual. Isso tudo aconteceu no meio da noite, em uma de nossas reuniões no leste do Texas. O fardo e coração de Deus veio sobre ela como uma bomba durante o louvor, e ela foi impulsionada quase que imediatamente à intercessão, ao choro e trabalho de parto pesado. Esse foi um dos encontros mais significativos de sua vida, que a marcou para sempre.

Ainda que a geração atual seja mais cativada e movida pela justiça social do que várias gerações anteriores, muitas vezes o sentimento é de pena e não de uma verdadeira unção proveniente do coração de Deus. O resultado é uma resposta que não traz soluções sustentáveis ou poderosas. Apenas quando buscamos o coração de Deus no lugar de intimidade podemos conhecer Seus sentimentos e descobrir a estratégia divina para liberar verdadeira justiça sobre a Terra. A intimidade autêntica nos impulsiona adiante, a lutar de uma forma que tenha mais peso e autoridade do que somente um simples sentimento de dó ou pena. Assim como eu, minha esposa e diversos outros líderes do Burn 24-7 têm experimentado encontros em que temos sido movidos do lugar da Sua presença para administrar e liberar justiça aos oprimidos, cura aos doentes e salvação aos perdidos.

É o som da justiça

Não muito tempo depois desse encontro, organizamos uma equipe de pessoas cujo coração estava queimando para responder à crise e devastação na nação da Uganda, no leste da África. O choro dos que estavam presos na pobreza e enfermidade e de milhares de crianças sendo usadas como assassinos e soldados em exércitos rebeldes alcançou os ouvidos do Senhor. Ele compartilhou Seu coração de compaixão conosco e nós respondemos positivamente. A equipe desceu à nação para trazer a justiça, cultivando a adoração ininterrupta por três dias seguidos. Também levamos comida, roupa e lençóis para as viúvas e órfãos, demos remédios e oramos pelos doentes e enfermos. Foi uma viagem fenomenal que abriu nossos olhos para como Deus poderia usar a mistura de adoração, oração e ações evangelísticas para mudar cidades e nações! Os testemunhos de salvação, cura, libertação e transformação da cidade são absolutamente incríveis e edificam a fé.

Enquanto comprávamos as passagens para a nossa equipe do Burn Uganda, senti direção para um plano proposital de ficarmos quatorze horas de escala em Amsterdã, na viagem de retorno para casa. A equipe não ficou muito feliz comigo, pois era novembro, época de inverno na Europa, e eles estavam com roupas adequadas para um clima mais próximo ao do Equador, de mais de 30 graus na África! Apesar de não terem entendido e eu ter pensado que era um homem louco, eles seguiram com o plano. Depois de chegarem bem cedo no aeroporto de Amsterdã Schipol, em um voo noturno de Campala, Uganda, eles pegaram o primeiro trem e foram à cidade com seus chinelos e bermudas, carregando todos seus instrumentos. Eu lhes dei instrução de simplesmente encontrar o maior prostíbulo no meio da zona de prostituição para "queimarem" com seus instrumentos e liberarem um som profético de adoração que inundasse as ruas.

A chave de Davi

Em pouco tempo, a equipe encontrou um bom espaço para montar os instrumentos e voar! Eles adoraram, profetizaram e cantaram o clamor de Jesus: "Venha o teu reino; faça-se a tua vontade, assim na terra como no céu." (Mateus 6.10).

Esse som profético, criativo e livre foi liberado, enquanto as frequências de fé enchiam o ar pesado daquela zona de prostituição. Um som surgiu da esterilidade daquelas ruas ao coração de pessoas buscando sem rumo por propósito, esperança e valor na vida. A equipe não viu nada milagroso ou sobrenatural acontecendo naquele momento, apesar de poderem sentir uma mudança em seu espírito. Alguns observadores caridosos na rua jogaram umas moedas nos cases de violão, e então eles usaram esse dinheiro para pegar um trem de volta ao aeroporto e voarem para os Estados Unidos.

Algumas semanas depois, um dos líderes da equipe me ligou em choque e espanto. Ele estava assistindo a um programa de televisão especial que contava como o governo holandês, aleatoriamente, fechou um dos maiores prostíbulos da zona de prostituição de Amsterdã. Isso é muito improvável e incomum, pois até as prostitutas pagam impostos e a nação depende bastante desses recursos para seu orçamento. O programa de notícias começou a divulgar detalhes sobre como o governo invadiu o prostíbulo para fechá-lo. Quando eles entraram, descobriram que coisas inimagináveis estavam acontecendo naquele lugar. Pequenos meninos e meninas do Oriente Médio e Ásia foram encontrados sem saída e presos em escravidão sexual. Ao ouvirmos isso acontecendo, fomos à loucura louvando a Deus! Ele concedeu a justiça enquanto a equipe estava nas ruas, semanas antes, pedindo que o Reino de Deus fosse estabelecido na cidade por intermédio desse novo som.

O programa então mostrou imagens de qual prostíbulo havia sido fechado; era exatamente aquele em frente ao qual a equipe havia acampado e profetizado semanas antes!

Conforme a adoração, oração e o novo som foi desencadeado naquele lugar, principados foram abalados, portas demoníacas fechadas e uma verdadeira transformação aconteceu. A chave de Davi, mencionada em Isaías 22.22, foi liberada por aquele som: "Porei sobre o seu ombro a chave da casa de Davi; ele abrirá, e ninguém fechará, fechará, e ninguém abrirá.".

Este novo som do céu está trazendo novas medidas de autoridade para liberar a fé, instigar o fervor e estabelecer o Reino dos céus na Terra! Nossas canções e orações sobre essas cidades agora estão saturadas de confiança e fé no poder da presença divina para proclamar: "assim nas zonas de prostituição pelo mundo como no céu!".

O som está aqui

Esse novo som que surge está começando a trazer uma nova estação na Terra. É um som de vida, ressurreição, renascimento e recuperação; é uma estação de rompimento, fogo e salvação. Há um som de inocência e fé renovada que Deus está, neste momento, ansiando liberar por intermédio da Igreja, o Seu corpo, sobre a esterilidade de nossas igrejas, cidades, regiões e nações. O som está despertando filhas e filhos pródigos a se desfazerem de suas vestes sombrias e entrarem nas promessas de Deus nesse momento da história! O som também está sendo cantado à esterilidade de nosso próprio coração, sonhos e vida, nos convidando de novo a uma nova vida. É o som que está saindo enquanto nos juntamos em nossas cidades e inundamos o ar com canções eternas. É um som criativo e intrigante, convidando toda alma estéril que anseia ser fértil novamente.

O poder da
presença de Deus
capítulo 7

Em 2009, eu voltava de uma visita a uma de nossas equipes de missões de longo prazo do Burn 24-7, nas selvas do Bornéu, Indonésia. Eles moravam ali há seis meses, lutando para que as pessoas da maior nação muçulmana do mundo se voltassem para Deus. A ministração era incrivelmente plena, contínua e cansativa na maioria dos dias, mas esse é um dos lugares que devemos nos derramar como uma oferta suave.

A Indonésia é o lar de 23 povos não alcançados, que representam milhões e milhões de pessoas que nunca ouviram o nome de Jesus ser pronunciado. Eu estava ansioso para fazer uma breve parada em Sydney, na Austrália, a caminho de casa, para um fim de semana estendido com banhos quentes, a presença de bons amigos e um excelente tempo de busca a Deus juntos. Depois de desembarcarmos de um voo noturno cansativo para a Austrália, me aventurei na bela Sydney, para respirar ar fresco antes da reunião da noite. O que eu não sabia era que naquele dia Deus viria como uma bomba em um dos mais incríveis encontros de minha vida.

Comecei a andar na gloriosa trilha de Bronte Bay até Bondi Beach. Enquanto me adaptava ao fuso horário, imergi no maravilhoso cenário da costa de Sydney. O clima estava fresco e seco, com um vento leve, pois o inverno estava acabando e o calor da primavera estava chegando. Era uma caminhada incrivelmente magnífica, com trilhas tortuosas e uma vista impressionante dos penhascos à beira-mar.

Conforme caminhava, minha fascinação pelo oceano aumentava intensamente. Eu estava hipnotizado, em algum tipo de transe, e era absorvido pelo movimento do oceano. Durante essa fixação, o Senhor começou a falar claramente comigo. Ele me disse para olhar para o oceano. Enquanto olhava, fui sobrecarregado com a energia bruta e poderosa do oceano, conforme as ondas chocavam nas rochas salientes. O vento furioso, o turbilhão das correntes e as ondas se levantando criaram um ritmo pulsante e psicótico que era incontrolável e indomável. Foi um momento absolutamente impressionante da criação revelando o seu Criador.

Nunca antes eu tinha visto o oceano como ele estava naquele dia! Em meio a um turbilhão de espumas, era até difícil ver a cor azul-turquesa do mar. Até mesmo nos lugares mais visados para o surfe profissional na costa da Austrália ninguém se atrevia a sair naquele mar furioso. Aquelas grandes ondas tomaram até a atenção dos turistas que estavam por perto, que não podiam evitar sua expressão de espanto com o fenômeno que se manifestava diante de seus olhos.

Sua resposta

O Senhor continuou a falar comigo: "Esta é uma figura de como será o grande mover de Minha presença no fim dos tempos; ela se parecerá com isso." Fiquei desconcertado ao perceber que essa era a resposta para uma pergunta que eu havia feito ao Senhor no dia anterior. Eu estava em escala na Malásia e decidi me aventurar na Torre de Kuala Lumpur, que dava vista para aquela vasta metrópole asiática. Enquanto via as mesquitas que enchiam a cidade até onde meus olhos podiam enxergar, fui preenchido por um anseio maior do que nunca de ver o Rei retornando com toda Sua majestade a bilhões de pessoas que nunca tinham ouvido a verdade e estavam cheias de mentira e engano.

Naquele momento, minha alma se encheu com uma paixão que eu nem sabia que existia, e eu gritei em alta voz: "Quando o mover do Teu Espírito romperá nessas nações e como isso irá acontecer?". Eu não ouvi nenhuma resposta a não ser alguns olhares estranhos de moradores boquiabertos com um homem branco louco. Não surpreendentemente, a falta de resposta não me perturbou, pois era um tipo de questão que não demanda resposta. Meu conhecimento limitado me disse que era mais uma daquelas coisas que eu "descobriria" ou que se revelaria diante de mim conforme eu continuasse buscando. Tudo isso mudou naquele dia.

O mover avassalador

Conforme eu absorvia o furor do oceano numa vista panorâmica, o Espírito começou a fazer um *download* daquela revelação. Comecei a fazer uma comparação entre a cena do oceano e o mover de Deus prestes a acontecer na Terra. Rapidamente percebi que seria um mover feroz, violento e ofensivo, diferente do que eu havia experimentado ou esperado. Ele falou mais: "É um mover do poder avassalador da Minha presença". Passei a sentir o poder bruto e crescente do oceano e a presença de Deus tomando conta de todo meu coração. Comecei a chorar naquele penhasco, enquanto via o desdobramento de tudo. Ele continuou falando: "É um mover que atordoará e chocará a humanidade, enquanto eu derramar o Meu Espírito sobre toda carne. Nada poderá parar as águas profundas da Minha presença enquanto elas lavarem as nações.".

Então meu corpo começou a tremer descontroladamente, enquanto as imagens da semana anterior inundavam minha mente. Os rostos, sorrisos e gestos dos camponeses que moravam nas selvas do Bornéu lampejavam em minha memória. Eu sabia que essa próxima onda era algo além do que havíamos experimentado na história. Acima de estilo, moda, exageros, dons e até unções, a presença pura de Deus tomará o centro do palco. Ele tem o comando e controle completo, conforme damos a Ele espaço em nós, com nosso coração entregue. Isso é um convite para irmos mais fundo, a lugares nunca antes visitados. Não são águas nos tornozelos de um cristianismo conveniente, mas, como Ezequiel 47.5 descreve, são águas ferozes que só se podem atravessar a nado.

O som das águas correndo

Então veio o som. Um som extremamente alto do rugido das águas começou a se mover em mim e aumentar em minha alma. O oceano estava furioso, ressoando tão forte, que tive dificuldade para pensar em alguns momentos. Comecei a refletir sobre um curso recente de ondas sonoras que havia terminado. O som do oceano e das cachoeiras são alguns dos únicos "sons" da Terra que, literalmente, preenchem todo o espectro sonoro. As frequências sonoras audíveis ao ouvido humano são entre 20 e 20 mil *hertz*. As frequências abaixo de 20 *hertz* são, na verdade, mais sentidas pelo corpo humano do que ouvidas. As frequências acima de 20 mil podem causar sérios problemas de audição, se houver exposição prolongada. O ruído daquele mar feroz cobria precisamente toda a grade de frequências sonoras terrenas. Isso é semelhante ao som que vêm do céu, mencionado em Apocalipse 14.2: "Ouvi um som dos céus como o de muitas águas e de um forte trovão" (*NVI*).

O Espírito começou a falar de novo, dizendo: "As nações conhecerão a presença d'Ele como este som que surge das águas.".
Eu estava de pé, em choque, enquanto o ruído estrondoso do oceano crescia mais e mais em minha cabeça. A revelação então veio a mim: as infinitas horas de adoração e oração apaixonada e fervorosa liberadas em nossas cidades pelo mundo estavam inaugurando esse mover! Este é o som unificado da Noiva, mencionado no final do livro de Apocalipse, que está sinalizando para as nações se prepararem, pois "o Espírito e a noiva dizem: Vem!" (Apocalipse 22.17).

Com toda essa loucura acontecendo ao meu redor e uma profunda emoção sendo liberada dentro de minha essência, freneticamente abri minha Bíblia para ver se poderia achar alguma coisa que confirmasse tudo isso. Assim que a abri, meus olhos se depararam com o seguinte texto: "tu me abateste com todas as tuas ondas" (Salmos 88.7).

A **carroça** queimando

Todos os verões, enviamos equipes de jovens e adolescentes adoradores, músicos, profetas e intercessores pelos Estados Unidos, para a mais emocionante viagem de suas vidas!

Vinte a trinta jovens músicos, artistas, intercessores, profetas e avivalistas se juntam em um ônibus velho com chamas de fogo vermelhas pintadas na carroceria. A cada dia de sua viagem, eles param em uma cidade diferente para liderar e facilitar a adoração, oração e as reuniões explosivas. Muitas vezes, eles lideram sessões de adoração e oração durante toda a noite até a manhã seguinte.

Eles se reúnem em uma diversidade de locais diferentes, como igrejas, clubes, parques e até esquinas de rua. Nenhuma cidade está protegida do som da paixão, brotando dentro desses jovens fervorosos "musicionários"! Eles têm sido chamados de "Carroça queimando" e têm rapidamente se tornado infames pelos Estados Unidos devido à sua loucura no Espírito Santo e por facilitar atmosferas de rompimento sobrenatural.

Nosso experimento inicial com essa ideia, alguns anos atrás, teve a equipe da "Carroça queimando" concluindo sua viagem nas ruas de Times Square, no centro de Nova Iorque. A missão deles era encontrar a esquina mais lotada possível, onde tocar suas guitarras e percussões para criar um "lugar de descanso" e habitação para Deus no meio do caos e da confusão de Manhattan. O céu começou a tocar a Terra no lugar mais improvável!

Enquanto esses jovens fervorosos emitiam o som e a fragrância da adoração, eles liberavam orações por todos os espectadores que passavam! A linha estava formada de cada lado da calçada, e diversas pessoas passavam por esse "túnel de fogo". Muitos foram bombardeados e "explodiram" com a densa presença e glória de Deus! Corações famintos receberam oração e feridos receberam cura, conforme a revelação da proximidade de Deus vinha sobre as ruas da cidade de Nova Iorque. Esse primeiro experimento com a "Carroça queimando" foi bem-sucedido e nos impeliu a enviar outras quatro carroças no ano seguinte.

Conscientes da nossa necessidade

Assim que as equipes retornam para casa, amamos ouvir, celebrar e publicar os testemunhos, as histórias e memórias mais radicais de cada viagem. Sinais e maravilhas, milagres criativos, libertação e salvação têm sido algo comum em cada uma de nossas "Carroças queimando" e equipes globais de missões. Sou continuamente surpreendido por esses jovens avivalistas, que estão se movendo em uma dimensão incrível de poder e autoridade sendo tão novos ainda. Creio que a raiz disso é um estilo de vida saturado com infinitas horas de adoração e oração na presença d'Ele.

Parece que há uma observação comum nas avaliações que são compiladas quando essas equipes retornam. Esses jovens "queimadores" descobririam como as igrejas norte--americanas estão estéreis e distantes da presença da glória de Deus. É revoltante para essas jovens, que são verdadeiras armas de fogo, entenderem sua ligação com uma comunidade que não incentiva o "lugar de descanso" como seu maior valor e prioridade. Depois desses encontros, que consistem em quatro acordes simples no violão, clamores de desespero pela face de Deus e orações roucas e aflitas, esses adolescentes sempre recebem um *feedback* bem interessante.

Telefonemas, *e-mails* e cartas chegam aos montes em nosso escritório descrevendo pessoas que nunca testemunharam um sentimento de proximidade como na noite em que nossa equipe os visitou. Muitos continuam fazendo as seguintes perguntas: "Foi a presença de Deus que eu senti aquela noite?" e "Isso é como Ele se parece?". Estamos muito animados e entusiasmados que encontros dessa magnitude são experimentados, mas tristes porque esses acontecimentos não são comuns nas cidades, comunidades e casas dessas pessoas. Em meio a tantos programas, igrejas, estratégias e serviços, será que estamos perdendo o maior tesouro de todos? Como pode uma pessoa ir à igreja por tanto tempo, estar em reuniões por horas e horas de sua vida e não experimentar a verdadeira presença de Deus? Precisamos fazer tudo que for necessário para receber o poder de Sua presença de volta em nossa nação, cidade, comunidade e casa!

Lugar de descanso

Esse movimento do poder da presença de Deus se levantando nas nações é muito mais do que uma nova forma de religião divertida e chamativa, mas carente do verdadeiro poder. Estamos literalmente nos juntando como "pedras vivas" (veja 1Pedro 2.5 ; (*ARC, Almeida Revista e Corrigida*), para construir uma casa para a presença de Deus. Não é um novo ritual, modismo ou uma bela estrutura. Nossa adoração e busca apaixonada estão criando um terreno fértil para a presença pura de Deus. O Salmo 22.3 diz que Deus habita entre os louvores de Seu povo. A partir do estabelecimento de Seu trono em nosso meio, um poder genuíno de transformação se torna acessível a uma humanidade doente.

Desde a queda de Adão e Eva no jardim do Éden, Deus tem ansiado restaurar aquele lugar de verdadeira comunhão e união com Ele. Esse é o fio comum que tece todos os livros, histórias e princípios na Bíblia.

Em Isaías 66.1, Deus se refere a isso com uma pergunta: "O céu é o meu trono, e a terra, o estrado dos meus pés; que casa me edificareis vós? E qual é o lugar do meu repouso?". Jesus também reitera esse tema em Mateus 8.20, quando abre seu coração para a multidão que o seguia: " As raposas têm as suas tocas e as aves do céu têm os seus ninhos, mas o Filho do Homem não tem onde reclinar a cabeça." (*NAA, Nova Almeida Atualizada*).

O anseio do coração de Deus é encontrar pessoas dispostas a terem uma postura de recebê-lO com toda Sua glória. A maior parte do tempo, isso exige uma certa quantidade de inconveniência de nossa parte, pois Ele raramente se enquadra em nossos cronogramas, paradigmas e ideias pré-concebidas. Quando convidamos o mover de Deus para vir a nós, nossas casas e igrejas, precisamos entender que Ele não vem para "se encaixar", mas para tomar total controle. O livro de Isaías O descreve como um "fogo consumidor" que vem para consumir tudo! (ver Isaías 10.17; 30.27; 33.14). Ele demanda toda nossa atenção, nossa afeição total e nossa vida por inteiro. Quando O convidamos para repousar em nosso meio, estamos renunciando nossa mentalidade de "controlar tudo" e dando a Ele um "passe livre" para rearranjar completamente os nossos cultos, corações e nossa vida.

Muitas igrejas, comunidades e ministérios pelo mundo ocidental estão estéreis, sem a verdadeira presença e poder de Deus, porque simplesmente não estão dispostas a abrir espaço para recebê-lO. Ainda que nossas igrejas tenham grandes congregações, programas incríveis, bandas excelentes, edifícios impressionantes, orçamentos enormes e um café decente, se não temos o poder e a glória de Deus repousando em nosso meio, então tudo isso não servirá para nada. Não somos espertos, sábios, ricos ou habilidosos o suficiente por nós mesmos, a ponto de trazer uma verdadeira transformação. Somos totalmente dependentes da presença de Deus. Um mundo doente não precisa de nossos edifícios e programas extravagantes. As pessoas precisam experimentar um encontro que transforme suas vidas, um encontro em que são marcadas pela glória da presença divina repousando no meio delas! Enquanto o mundo persiste na busca por Aquele que faz queimar seu coração, temos o incrível privilégio de hospedá-lO em nosso meio.

O dom da hospitalidade

Uma enorme oportunidade está diante da Igreja, enquanto ela continua promovendo reuniões e alimentando o fogo ao redor do mundo. Temos um convite divino para hospedar a própria pessoa de Deus a cada vez que nos reunimos para adorar juntos. Você pode acreditar nisso? O dom da hospitalidade está sendo reavivado em nosso coração, em nossa casa e na cidade em que vivemos, conforme temos a revelação de que estamos hospedando o Rei da glória em nosso meio! A mentalidade de que nos reunimos apenas para cumprir uma obrigação religiosa e nos sentirmos melhor está sendo quebrada agora. Não temos cartões marcando tempo e, ao chegarmos aos portões celestiais, Deus não irá checar quantas marcas temos em nosso "cartão de ponto", indicando nossa frequência nos cultos de domingo. Estamos bem acostumados com a declaração de Jesus em Mateus 18.20: "...

onde estiverem dois ou três reunidos em meu nome, ali estou no meio deles.". Temos citado, cantado e memorizado essa passagem. Mas será que realmente cremos nela? Será que ela tem sido reduzida, como muitas outras verdades poderosas, de uma realidade autêntica a uma retórica cristã?

Imagine que um convidado notável de alto escalão fosse passar uma noite em sua casa. Ele poderia ser um presidente, rei, ou o representante de um país distante. Você começaria se preparando com bastante antecedência, para ter certeza de que tudo estaria pronto quando ele chegasse. Assim que ele tocasse a campainha de sua casa, você deixaria tudo de lado para dar total atenção ao seu hóspede e cumprir cada um de seus desejos. Você tornaria sua maior prioridade fazê-lo sentir-se confortável, bem recebido e à vontade durante sua estadia. Isso não é diferente de quando nos reunimos e convidamos a Pessoa de Deus para repousar em nosso meio. Ele é o convidado de honra e o único a quem devemos atender. Devemos renunciar todo o resto e simplesmente dar atenção a Ele e servi-lO de forma a satisfazer os desejos de Seu coração. Creio que essa é a mudança que está acontecendo e começando a marcar nossas reuniões com uma presença mais forte e pesada, como nunca conhecemos antes.

Em minhas extensas viagens a muitas nações, cidades e grupos de pessoas diferentes, passei noites em casas, cabanas, tendas, hotéis e lugares inacreditáveis. Descobri que é possível conhecer muito sobre uma cultura, passando uma noite na casa de moradores do lugar onde estamos. Por essa razão, em várias viagens normalmente rejeito a opção de aceitar um hotel bonito, ocidental e mofado em troca da singularidade e cordialidade de uma casa. Jesus também instruiu Seus discípulos a viajar de casa em casa procurando por um "homem de paz".

    Nessa jornada de me hospedar em casas ao redor do mundo, foi-me revelado quão pateticamente eu tenho deixado de valorizar a hospitalidade. Tenho investido pouco tempo e energia nisso, enquanto esse princípio é altamente valorizado nas nações mais pobres do mundo. Tenho sido completamente quebrantado, de uma forma que mal posso expressar, ao ver meus hóspedes de outras nações sacrificando literalmente tudo pelo meu conforto. Isso tem me movido a fazer qualquer coisa ao meu alcance para devolver mais e mais para essas nações, cidades e comunidades que, verdadeiramente, tem me recebido tão bem.

    Lembro-me de um exemplo dessa hospitalidade radical que aconteceu em uma viagem alguns anos atrás. Eu estava em um vilarejo pitoresco no Himalaia, nas altas montanhas do Nepal. Meus hóspedes haviam sido monges tibetanos budistas com um testemunho poderoso de como Jesus apareceu a eles certa tarde, enquanto cumpriam suas tarefas no templo. Esse encontro os levou a espalhar a verdade de Jesus, e vilarejos inteiros estavam sendo salvos! Uma coisa que esse povo sabe sobre norte-americanos é que nós amamos Coca-Cola. Assim que cheguei em seu vilarejo, em uma humilde casa com telhado de palha, eles imediatamente enviaram alguém a uma extenuante viagem de quatro horas caminhando para comprar uma bebida em outro vilarejo! Quando descobri a extensão de seu sacrifício e vontade de servir em um nível tão intenso, aquele refrigerante morno foi um símbolo de honra que me quebrantou infinitamente.

Tornando-se Betânia

Creio que essa é exatamente a característica que marcou a cidade de Betânia na Bíblia. Jesus tinha uma atração por essa pequena cidade fora de Jerusalém. Muitas foram as vezes em que ele parou nessa cidade, fez milagres impressionantes e passou a noite ali durante seu ministério terreno. Esse também é um lugar onde os pés de Jesus foram notoriamente ungidos pelo perfume caro de Maria de Betânia. Essa humilde cidade colocou em prática o dom da hospitalidade de tal forma que o Filho de Deus foi tocado e queria sempre estar ali! Imagine como esse princípio fundamental poderia sustentar o maior mover da presença de Deus que já testemunhamos em nossa comunidade, cidade e nação!

O sonho

E se essa prioridade de Ele "repousar" em nosso meio fosse maior do que tudo? O que aconteceria se remodelássemos nossas reuniões para recebê-lO e acomodá-lO, ao invés de atender a todos os demais presentes? Será que Ele não viria e atenderia as necessidades de cada pessoa naquele lugar? Se Deus está realmente buscando um lugar para morar, desejando encontrar um povo para habitar em seu meio, então o que aconteceria se literalmente abríssemos espaço para Ele e Sua Palavra?

O poder de Sua presença está definindo esse mover avassalador que se choca com a costa das nações! O mundo está reconhecendo o mover do evangelho novamente, não apenas por seus edifícios, programas de televisão, linguagem e retórica, mas por seu inegável poder. A Igreja está em transição para sua melhor hora, verdadeiramente incorporando 1Coríntios 4.20, que afirma: "o Reino de Deus não consiste em palavras, mas em poder" (*NAA*). Se Ele habitar conosco, será que nossa vida, cidade, nação e tudo mais não será transformado? Não é verdade que um momento em Sua presença é muito melhor do que horas e horas de exercício religioso chato e monótono? O que estamos esperando então? Estivemos sonhando por um dia que já chegou a nós! Esse é o dia em que não mais dependemos de enredamentos, formas e estratégias astutas. É um dia em que deixamos tudo pela busca de Sua presença avassaladora. Somente Ele é a estratégia!

Liberando
a fragrância
capítulo 8

Adoração e oração ininterruptas estão enchendo os céus como nunca antes na história. Nunca houve um ímpeto tão abrangente na Igreja global que priorizasse a presença de Deus em adoração, intercessão e busca! Podemos afirmar que, nos últimos tempos, mais pessoas estão posicionadas em intercessão do que em qualquer outra época. Tudo o que você tem a fazer é digitar casa de oração em uma página de pesquisa na internet e descobrir que Deus está fazendo isso por todo o mundo em um ritmo que é até difícil de acompanhar.

Ao mesmo tempo, cada vez mais pessoas estão sentindo o chamado para deixar suas "casas", viajar para terras distantes, a fim de levar o evangelho a alguns dos lugares mais difíceis e obscuros do Planeta. O impulso atual para missões será visto como o maior da história. A singularidade desse impulso é que a igreja ocidental não é mais sua fonte, como foi nos últimos mil anos. O país com o maior número de cristãos hoje é a China, com mais de 120 milhões de crentes. A maior igreja no mundo está na Coreia. Apesar de ninguém conseguir entrar em acordo sobre qual nação tem a população cristã com maior nível de crescimento, concordamos que todos os competidores residem na Ásia. Nações como China, Índia e Nepal estão no topo da lista! O evangelho está crescendo como nunca antes na história. Com um entusiasmo renovado, a Igreja está buscando os lugares onde não estamos, ao invés de focar onde estamos. Conforme tecnologias como o mapa 4K e movimentos de unidade como a rede Call2All continuam crescendo, há um melhor reconhecimento de onde estão as maiores necessidades. Associado a isso, há uma paixão renovada de liberação estratégica de recursos nessas regiões para que o evangelho seja compartilhado com pessoas de toda tribo, língua e nação.

Um ano do jubileu

Enquanto escrevo isso, estou sentando no quarto de um hotel em uma nação relativamente desconhecida, que terá que permanecer anônima por razões de segurança. Eu vim a este país quatro anos atrás e não encontrei nenhum cristão. Enquanto andava pela nação e orava, imediatamente senti o Senhor ligando o meu coração ao futuro desta nação e me submeti a Ele com prazer. Todos os anos, tenho feito uma viagem a esta nação e a cada ano que passa as portas têm se aberto mais para eu compartilhar com a igreja subterrânea e encorajar o mover de Deus aqui. Quatro anos atrás, cerca de 6 mil cristãos representavam aproximadamente 1% da população do país. Na época, esta nação era a quinta no *ranking* de perseguição mais severa a cristãos. Em 2007, descobri que esta nação estava chegando aos cinquenta anos da história do cristianismo em de suas fronteiras. Com isso, o Senhor começou a gravar em meu coração que esta nação em breve experimentaria um ano do jubileu. Além disso, Ele começou a me mostrar que na história bíblica, Deus providenciava três vezes a colheita no ano anterior ao do Jubileu (ver Levítico 25.21). Isso acontecia para providenciar o alimento necessário para durar por todo o jubileu, enquanto a terra descansava do plantio.

Naquela época, compartilhei com os líderes locais que eu sentia que o Senhor traria uma colheita como nunca antes vista. Compartilhei com eles que sentia que, em breve, eles experimentariam a liberdade e a justa liberação da herança que o Jubileu representava na história de Israel. Durante os três anos que seguiram, vi o número de cristãos mais que dobrar nesta nação! E, pela primeira vez em 100 anos, o primeiro ministro legalizou o cristianismo no país! Creio que a liberação completa do Jubileu ainda está por vir e que esta nação está apenas no começo de uma enorme colheita de dezenas de milhares de pessoas. Claramente, Deus está se movendo! Os cristãos ainda se deparam com muitas formas de perseguição, especialmente nos vilarejos. Estou certo de que o Jubileu terá sua expressão completa quando a adoração pública tomar conta das ruas e os cristãos forem livres para celebrar seu amor por Jesus sem nenhuma restrição.

Isso é apenas um exemplo de uma enorme quantidade de testemunhos sobre o que Deus está fazendo por todo o mundo. Verdadeiramente vivemos dias sem precedentes!

O avivamento está no ar

Não precisamos mais dizer que estamos clamando por um avivamento que ainda não vemos. Ele já está sobre nós! Em 2009, meu amigo Taylor e eu tomamos um trem para uma viagem de 12 horas pela Alemanha ocidental com um herói da fé alemão. Esse homem havia passado os últimos quarenta anos de sua vida lutando por um avivamento em seu país e no mundo. Nos últimos trinta anos, ele havia se comprometido a orar para que Deus levantasse cem avivalistas e cem reformadores que mudariam o mundo. John Wesley fez uma oração semelhante: "Dá-me cem homens que nada temam senão a Deus, que nada odeiem senão o pecado, e que nada busquem senão a Jesus Cristo, e Ele crucificado, e eu colocarei o mundo em chamas com eles.". Nós recebemos um convite para uma rápida viagem em que esse homem compartilharia seu coração e oraria conosco. Aproveitamos a oportunidade de ter alguém desse calibre para impor as mãos sobre nós e compartilhar seu coração desejoso por avivamento conosco. Não tenho remorsos em buscar o avivamento autêntico e não me sinto prepotente em dizer que anseio ser um instrumento para esse propósito! Apenas vinte e quatro horas em um trem é um pequeno preço a se pagar para ouvir algumas pérolas de um homem que investiu tanto no Reino.

Uma de minhas perguntas a ele foi: "O que precisamos fazer para vermos o avivamento?". Sua resposta foi exatamente o que eu estava esperando ouvir. Ele olhou para nós com uma assertividade tremenda e, por intermédio do tradutor, disse: "O avivamento já está no ar.". Eu podia sentir o poder desta frase! Ela atingiu o meu espírito como um raio, inflamando em mim um batismo de confiança de que a onda de avivamento já está se levantando!

Ainda assim, a pergunta permanece válida. O que precisamos fazer para ver uma liberação mais profunda deste avivamento por todo o mundo? O maior avivalista do século 19, Charles Finney, cria que o avivamento não era apenas um ato soberano de Deus sem uma ação recíproca do homem. Ao contrário, Finney confrontava a apatia de sua época declarando que é preciso orar para trazer o avivamento. Muitos querem apenas sentar e culpar a falta de força espiritual que temos ou a falta do desejo de Deus para derramá-lo. Finney registra em suas memórias o tipo de violência espiritual que ele cria que liberava o avivamento:

> Eu me encontrei tão exercitado e tão carregado com o peso das almas eternas que fui constrangido a orar sem cessar. Algumas de minhas experiências, de fato, me alarmaram. Um espírito de urgência vinha algumas vezes sobre mim de tal forma que eu dizia a Deus que Ele tinha feito uma promessa de responder nossa oração, por isso eu não poderia, e não aceitaria, ser negado. Eu me sentia tão certo de que Ele me ouviria. Sua fidelidade às Suas promessas e a Seu Nome fariam que fosse impossível Ele me ouvir e não me responder. Frequentemente eu me via dizendo a Ele: "Espero que o Senhor não pense que meu pedido possa ser negado, pois venho com Suas promessas fiéis em minhas mãos, e por isso meu pedido não pode ser negado.". Não consigo dizer o quão absurdo era a incredulidade para mim, e o quão seguro eu estava em minha mente de que Deus responderia minhas orações. Dia após dia e hora após hora eu oferecia essas orações com muita aflição e fé. Eu não tinha ideia da forma como a resposta viria, o local em que as orações seriam respondidas, ou o momento exato em que a resposta viria. Minha impressão era que a resposta estava perto, batendo à porta. Eu me sentia fortalecido na vida divina, vestido com a armadura para um grande conflito com os poderes das trevas e com a expectativa de logo ver um derramar ainda mais poderoso do Espírito de Deus; era o novo lugar que estava trabalhando para alcançar[1].

Ah, que sejamos cheios de tal certeza e confiança! Deus verdadeiramente quer batizar Sua Noiva insegura em um transbordar de confiança e esperança, e na fé de que Sua glória está prevalecendo totalmente sobre as trevas.

---

[1]Tradução Livre.

Mais uma vez, podemos ver que esta explosão de missões que estamos vivendo, e vamos viver de forma ainda maior, está completamente conectada ao esforço da oração de intimidade e à busca para que os propósitos de Deus sejam derramados. Daí vem a confiança para andar em meio aos pobres, quebrantados, ricos, apáticos, enganados, com amor fervoroso enchendo nosso coração e vendo a luz irrompendo seguidamente!

Essa é a forma como a explosão de missões em todas as esferas da vida se torna uma realidade inegociável por intermédio da Igreja global. Missões se tornam o que fazemos em nosso ambiente de trabalho, no bairro onde moramos e quando obedecemos ao chamado de Deus para nós. Esse chamado pode nos levar às favelas de Calcutá, aos Himalaias do Nepal, às zonas de prostituição de Amsterdã, aos vilarejos remotos do Amazonas, às cidades movimentadas da China, aos estúdios de Hollywood, ou a qualquer outra tribo, língua, nação, esfera ou área de injustiça! Quando olharmos para os primeiros sinais de avivamento em nossos tempos, devíamos ser mais inspirados do que nunca a ver este mover de Deus indo aos mais profundos escalões de todas as sociedades e aos cantos mais distantes do Planeta. Por intermédio desse batismo de confiança forjado em um lugar de oração e intimidade, vamos nos despertar à realidade de que somos a realização da glória do Senhor sendo derramada por toda a terra, pois "Deus disse: 'Das trevas resplandeça a luz', ele mesmo brilhou em nossos corações, para iluminação do conhecimento da glória de Deus na face de Cristo" (2Coríntios 4.6). Conforme Ele brilha em nosso coração, nós brilhamos no mundo, e o Reino que está "em nós" é liberado aonde quer que formos. Estamos nos despertando para a realidade de que onde quer que pisemos, a glória chegará nas ruas. Onde quer que desembarquemos de um avião, a glória chegará naquela região. Não importa o quão escuro ou difícil possa ser, essa Noiva confiante com o poder e a glória de Deus prevalecerá.

Servindo com amor

Os dois aspectos absolutamente inegociáveis deste movimento de missões são amor e poder. Em primeiro lugar, este mover de Deus será completamente enraizado em uma devoção como a de Maria, conforme vemos em Lucas 10.38-42. Essa história é bem familiar para nós. Ainda assim, ela pode facilmente ser mal-interpretada. Muitas vezes, temos ouvido que a comparação entre Maria e Marta é que uma se senta aos pés de Jesus em oração e adoração e a outra está ocupada com muito serviço a Jesus. De forma recorrente somos exortados a apenas sentar aos pés do Mestre e parar de ser tão ocupados. De fato, precisamos ouvir isso de vez em quando, mas não creio que essa seja a mensagem principal dessa história. A chave para entender o erro de Marta está na frase no começo do versículo 40, que diz: "Marta, porém, andava **distraída** em muitos serviços" (*ARC*). O que estava errado não era ela estar servindo, mas de andar distraída ao servir. A palavra **distraída** pode literalmente ser traduzida como "mentalmente distante" ou "muito ocupada". Jesus continua dizendo que ela está "ansiosa e afadigada com muitas coisas" (*ARC*). Quando vemos o original grego, isso poderia significar que Marta estava "buscando sua própria agenda". A exortação gentil de Jesus não tinha nada a ver com servir ou não servir, mas tudo a ver com a prioridade do seu coração e mente. Marta tinha se deixado afastar da presença d'Ele mentalmente, apesar de estar no mesmo lugar fisicamente. Ela havia se dedicado a ficar ocupada com muito serviço e estava literalmente seguindo a sua própria agenda.

Infelizmente, essa talvez seja a maior causa de esgotamento em missões e no serviço a Deus em geral. O essencial para uma vida de serviço radical, trazendo o avivamento que dure por toda a jornada, é o exato oposto do erro de Marta: é ter a mente, o coração e olhos fixos em Jesus, mesmo em meio ao serviço. Priorizar o descanso físico e espiritual. Deixar de lado nossas agendas pela causa do Reino. Os apaixonados sempre são os melhores trabalhadores! Eles percorrem grandes distâncias para servir a quem eles mais amam. Não tem cartão de ponto para os apaixonados, horário de expediente, aposentadoria, mas uma determinação total, em intimidade, de expressar seu amor de volta a quem os amou primeiro.

Poder cheio de amor

O segundo ponto inegociável neste atual mover de Deus é que precisamos ser um povo sem remorsos de ser famintos pelo poder de Deus! Qualquer coisa a menos é um evangelho parcial e uma deturpação da essência da natureza e do caráter de Deus. Ele é completa e infinitamente sobrenatural. Ele não sabe como ser nada que não seja sobrenatural. Foi o Seu poder sobrenatural que criou tudo que existe, que mantém todas as coisas e que sustém a vida na Terra. Esse poder venceu o pecado e a morte; salvou nossa alma, espírito e corpo; e nos tem dado poder para vencer e viver pelo mesmo Espírito que fez todas essas coisas. É tempo de parar de pedir desculpas pela nossa necessidade de poder na vida cristã e decidir viver como Paulo nos exorta em 1Coríntios 14.1: "busquem com dedicação os dons espirituais" (*NVI*). É tempo de abrir mão de um cristianismo sem poder e dar um passo na direção da promessa que Jesus nos fez de que realizaríamos "coisas ainda maiores do que estas" (João 14.12, *NVI*). É tempo de fazer as obras de Deus, nos caminhos de Deus, cheios do coração de Deus!

Há poucos dias, uma de nossas equipes de evangelismo vivenciou um dos maiores encontros de adoradores de Satanás em Salem, Massachussets, na noite do Halloween. Essa equipe passou horas em adoração e intercessão, sendo totalmente saturada pela presença de Deus antes de sair para a rua. O resultado diz por si mesmo. Mais de 40 pessoas foram curadas na hora. Além disso, 12 pessoas vieram de um pacto com as trevas e saíram reverenciando ao único verdadeiro Rei! A glória pisou nas ruas! Histórias como essa estão se tornando cada vez mais frequentes, acontecem o tempo todo. Essas histórias não são limitadas a uma região do mundo, mas estão acontecendo em todo lugar. Deus está derramando Seu Espírito. Parte do sucesso de missões no futuro será o fato de andarmos no sobrenatural, como se fosse algo totalmente natural. Porque é natural!

    É claro que nunca podemos buscar mais o poder de Deus do que o próprio Deus. O que somos é por Jesus, e Jesus quer liberar o Seu poder. A Igreja deve começar a perceber que quando buscamos a Deus, Ele vem com o Seu poder! Sinais começarão a nos seguir como nunca antes, conforme nossa expectativa por eles e os riscos necessários para que sejam liberados. Precisamos aprender a cultivar uma expectativa pelo sobrenatural, não apenas para termos testemunhos incríveis, mas porque Deus recebe uma grande glória por intermédio de Sua Noiva cheia de poder!

Testemunhas

Quero terminar esse capítulo fazendo um forte chamado para o "IDE"! Ore e vá! Vá e ore! Ande em poder cheio de amor e em amor cheio de poder. Nações, tribos, línguas e nossos vizinhos clamam por toda a Terra para que alguém testemunhe sobre o único e verdadeiro Deus. Em Atos 1.8, Jesus diz: "Mas recebereis poder, ao descer sobre vós o Espírito Santo, e sereis minhas testemunhas tanto em Jerusalém como em toda a Judeia e Samaria e até aos confins da terra.".

A palavra testemunhas em grego é *martus*. Essa é a raiz da palavra que temos usado em português para mártir. Jesus faz esta declaração logo após a pergunta dos discípulos sobre a restauração de um reino literal em Israel. Sua resposta os traz de volta à principal descrição de seu trabalho: "Sejam testemunhas do que vocês têm visto em Mim, do que vocês têm experimentado ao caminhar Comigo. E a propósito, estejam dispostos a morrer por essa mensagem!". Algumas vezes focamos tanto em nossas previsões de Sua volta que esquecemos de ser testemunhas como Ele nos chamou a ser!

Mais adiante, em Atos 22.15, conforme Paulo compartilha seu testemunho, ele afirma que tinha sido chamado para ser uma testemunha das coisas que ele havia visto e ouvido. Deus está levantando testemunhas com fogo nos olhos sobre toda a Terra, testemunhas incapazes de manter apenas para elas o testemunho d'Aquele que elas têm visto e ouvido. Assim, nossa intimidade pessoal se transborda e se torna Sua glória global!

---

[1]Charles Finney, Memoirs, 142-143.

Comunidade
autêntica
capítulo 9

O som da madeira úmida estalando na lareira aquecida e a frieza do ar pressionando as janelas congeladas criava um ambiente de conforto e descanso. Nossa pequena equipe, que mais parecida uma família, era formada de cinco adultos, duas crianças e dois carros velhos lotados com quase tudo que tínhamos. Estávamos em uma viagem dos sonhos, prestes a entrar em outra conversa transformadora! Contudo, antes de entrarmos nessa conversa, essa viagem tem um pouco de história.

Seis meses antes, cada um de nós havia passado por um processo de entregar as responsabilidades que estávamos carregando, sentindo do Senhor que algo novo estava para acontecer. Ouvimos o Senhor dizendo que, se déssemos a Ele trinta dias para apenas buscar Sua face, aqueles dias determinariam nossos próximos trinta anos. Essa não era o tipo de palavra que arriscaríamos perder.

Perspectiva

Havíamos estabelecido um profundo relacionamento nos últimos anos e tínhamos chegado a um momento em que, apesar de não sabermos o que nos aguardava, estávamos determinados a vivê-lo juntos. Pelo período de trinta dias nos reunimos com grande expectativa de ouvir o Senhor liberar a visão mais impactante que o mundo já viu. Contudo, a cada dia que nos encontrávamos para orar, adorar, meditar e estudar, parecia que voltávamos para casa no fim do dia um pouco mais perdidos sobre o que Deus estava tentando dizer. Tudo que continuávamos ouvindo era essa palavra: *perspectiva*. Mas o que isso tinha a ver com a visão? Eu queria mudar o mundo! Entretanto, essa palavra nos levaria a uma aventura de quatro meses que mudaria nossa vida e nos direcionaria, pelos próximos trinta anos, pelo menos, para não dizer cinquenta ou setenta. Naquela viagem aprenderíamos muito mais sobre cada um do que até sobre mudar o mundo, e nisso, talvez estivesse uma das maiores chaves para a verdadeira e duradoura transformação: a comunidade autêntica.

Naquele dia frio de outono, nos encontramos cercados pela beleza rural do estado de Washington. Estávamos hospedados em uma pequena comunidade, cuja visão era ser uma comunidade onde a presença de Deus tivesse liberdade para habitar. Por fidelidade à constituição da Palavra escrita de Deus, eles tinham um anseio de ver o Reino exemplificado em uma comunidade inteira e um desejo de inspirar a nação de volta a suas raízes e a uma glória futura ainda maior. Nós íamos de casa em casa, encontrando com o maior número de pessoas possível, para extrair as verdades que eles estavam vivendo há muitos anos. Nosso pequeno cérebro estava sendo radicalmente impactado por um estilo de vida que poucos de nós havia visto antes. Passamos pela casa de um homem que disse que todo o concreto, estrutura e construção havia sido feito para que a casa durasse facilmente por trezentos anos. Essa construção refletia o princípio inegociável da comunidade de tomar cada decisão, quer fosse nos negócios, na igreja, na sociedade ou na família, à luz das próximas três gerações. Ouvimos muitas histórias da comunidade se reunindo para reconstruir casas queimadas, cuidar das crianças uns dos outros e lutar pelo destino das pessoas à sua volta.

Fator Plus

Quando acabou o almoço, a família que estava nos hospedando começou a orar e profetizar sobre nós. Conforme eles buscavam do Senhor pérolas de sabedoria, Ele fazia que eles as transmitissem para nós. Nunca esquecerei a palavra simples, mas poderosa, que eles nos deram. Era a imagem de uma equipe de remadores em uma corrida. À medida que o barco deslizava suavemente sobre as águas, ele começava a ganhar velocidade. Os remadores começavam todos a remar com a mesma força, tempo e eficiência. Então o barco começava a se levantar das águas de forma que apenas a quilha de baixo continuava dentro d'água. O termo para isso é "fator *plus*", que só acontece quando os remadores estão em perfeita unidade. A palavra dada a nós foi que Deus queria nos ensinar sobre verdadeira comunidade que, literalmente, significa "comunhão em unidade". O que surgiu em cada coração enquanto contemplávamos e processávamos aquela palavra foi um desejo ainda maior de buscar a revelação e o romper em um dos anseios humanos mais primários: a comunidade autêntica!

Durante esse tempo na estrada, nossas perspectivas foram muito transformadas. Fomos desafiados a entrar em novos paradigmas em muitas áreas. Poderíamos facilmente dizer que uma das maiores mudanças ocorridas foi o fato de entramos em uma esfera de compromisso uns com os outros que superava até nosso compromisso com a própria visão que surgia. Ainda assim, o resultado não foi uma visão fraca, mas muito mais forte do que quando ela era o foco principal. A razão era que a visão agora estava sendo criada com uma substância essencial do Reino, chamada relacionamento.

DNA divino

Desejar este tipo de relacionamento é um dos anseios primários de todo ser humano. A maioria de vocês se importa menos com *o que* você está fazendo do que *com quem* você está fazendo. Quanto aos alunos que vieram à nossa escola de treinamento, é verdade que eles desejavam uma visão, contudo, mais do que isso, eles buscavam uma comunidade para poder caminhar na visão. Não foi um engano de Deus colocar isso no coração de uma geração que está se tornando parte de um dos maiores ajuntamentos de pessoas à comunidade de Cristo! Não é apenas natural ao DNA desta geração desejar isso, mas acontece de ser também uma das maiores chaves para a liberação do Reino. Por intermédio das Escrituras, assim como na história, vemos este princípio sendo vivido repetidamente. Quer fosse Davi com seus valentes, João Batista e seus seguidores, Jesus e Seus discípulos, ou a igreja primitiva no cenáculo, a história sempre foi marcada por cristãos que se juntaram em verdadeira comunhão centrada na presença de Deus. As Escrituras deixam claro que autoridade, poder e até maturidade são liberados quando dois os três se reúnem em concordância.

> Em verdade também vos digo que, se dois dentre vós, sobre a terra, concordarem a respeito de qualquer coisa que, porventura, pedirem, ser-lhes-á concedida por meu Pai, que está nos céus. Porque, onde estiverem dois ou três reunidos em meu nome, ali estou no meio deles. (Mateus 18.19,20)

> Um homem sozinho pode ser vencido, mas dois conseguem defender-se. Um cordão de três dobras não se rompe com facilidade. (Eclesiastes 4.12, *NVI*)

> E ele mesmo concedeu uns para apóstolos, outros para profetas, outros para evangelistas e outros para pastores e mestres, com vistas ao aperfeiçoamento dos santos para o desempenho do seu serviço, para a edificação do corpo de Cristo, até que todos cheguemos à unidade da fé e do pleno conhecimento do Filho de Deus, à perfeita varonilidade, à medida da estatura da plenitude de Cristo. (Efésios 4.11-13)

Definição de comunidade

O que é então uma comunidade autêntica? Primeiro, vou dizer o que não é. Não é algo forçado ou fabricado. Não é apenas estar no mesmo prédio. Não é alimentar as inseguranças ou necessidade de afirmação dos outros. Não é apenas compartilhar os mesmos valores. E, certamente, não é todos concordarem com a mesma teologia! Além dessas coisas, comunidade autêntica não é sobre muitos amigos no *Facebook*, salas de *chat* lotadas ou listas de contato enormes nos celulares.

Comunidade autêntica começa com Deus no centro de um grupo de pessoas! Assim começa a transformação de uma equipe em que todos morrem para suas ambições, reputações e preferências. Esse esvaziamento do foco egoísta é uma necessidade absoluta para qualquer comunidade verdadeira. O resultado é uma comunidade que empodera a outros e anda em poder. Isso tem sido bem exemplificado com o amor entre a Trindade e pela humanidade. Tudo começa no jardim do Éden, na cruz e no cenáculo, quando a Trindade, a maior comunidade da história, se manifestou para nos convidar a partilhar do Seu amor, que é demonstrado por Sua perfeita expressão de comunidade autêntica. É isso que lemos em João 17.21: "A fim de que todos sejam um; e como és tu, ó Pai, em mim e eu em ti, também sejam eles em nós; para que o mundo creia que tu me enviaste.".

Comunidade autêntica é uma das maiores expressões da Trindade e da expansão do Reino de Deus. Nas três maiores expressões de manifestação de Deus para com o homem, podemos ver três chaves dinâmicas para uma comunidade autêntica.

O jardim

No jardim do Éden, Deus andava com a humanidade. Seres humanos podiam escolher com quem andavam, e num primeiro momento, escolheram a Deus. Andar com Deus significa deixar de lado nossa própria vontade e desejos para contemplar

Aquele que criou tudo. A primeira chave para uma comunidade autêntica não tem nada a ver com as pessoas; tem tudo a ver com Ele! Ele é a fonte e o centro de qualquer movimento pela comunidade e de compromissos de relacionamento. É tão comum deixarmos de ver isso em nossa busca coletiva por unidade. Não deve ser, antes de tudo, sobre tentar descobrir um ao outro e se tornar mais compatível. Com certeza isso ajuda, mas não terá sentido algum se Ele não for o foco principal de toda a vida, tanto individual quanto coletiva.

O jardim representa tanto a intimidade quanto a frutificação de uma comunidade autêntica, pois isso é o que o Pai mostrou ao criá-lo e ao dar os privilégios que Ele deu ao homem. Andem do Meu lado, sejam férteis e multipliquem-se! O nome do jardim, Éden, significa literalmente "prazer". O mandato de Adão e Eva era levar esse estilo de vida de andar com Deus até os confins da Terra. Até mesmo os nomes dos quatro rios que fluem do jardim remetem a esse propósito. Na ordem que são citados em Gênesis 2, o significado dos quatro rios é: "aumentar," "estourando," "frutificação" e "veloz". Isso poderia facilmente ser lido como "aumentar estourando" e "frutificação veloz". Essa sempre foi a intenção. Frutificação por intermédio da intimidade. Filhos são o fruto da intimidade física. Frutificação espiritual é o resultado de intimidade espiritual. Isso também é verdade para uma comunidade autêntica. A ênfase principal que Deus, o Pai, falou através da humildade de permitir que humanos andassem com Ele era que essa comunidade, que começou com Adão e Eva e se tornou milhões, deveria sempre ser centrada n'Ele!

Que Deus humilde! Se permitiu ser visto, experimentado e desfrutado por seres humanos. Esse amor manifesto do Pai e o foco recíproco de Seu povo n'Ele é a primeira e principal chave para o começo, longevidade e frutificação de uma comunidade. Sem o amor do Pai somos apenas seres humanos tentando consertar problemas humanos, seres finitos tentando descobrir como conseguir se dar bem o tempo suficiente para transformar o mundo. O resultado é a criação de uma das maiores fortalezas da história: o humanismo. Seres humanos como a solução para os problemas da humanidade e o bem maior que pode trazer mudança. Isso nunca funcionou e nunca vai funcionar. Todas as formas de comunidade autêntica começam com a revelação de um Deus que amou tanto Seu povo que os convidou a participar da unidade da Trindade andando com Ele no jardim.

A fonte de toda unidade é o foco na presença de Deus, além disso, não podemos nos esquecer de que esse foco precisa aderir e se conformar com o que Ele diz que é a verdade. Sem a Sua verdade, a Palavra escrita, que são os princípios em que buscamos viver, continuaremos vivendo em um lamaçal de relativismo. Isso resultará em uma redefinição da verdade, sem que haja uma comunidade real. Comunidade deve começar com um foco n'Ele como pessoa e n'Ele como Verdade, conforme a Palavra que Ele nos deu!

A cruz

O segundo exemplo das três principais manifestações da Trindade é a vida de Jesus na Terra, especialmente o momento de Sua morte na cruz. Mais uma vez vemos uma humildade tremenda da parte de Deus, dessa vez por intermédio da vida do Homem-Deus, Jesus, o Messias. Por meio de Sua encarnação, Jesus estabelece para nós a segunda dimensão mais importante de comunidade autêntica: o *altruísmo*! Se o primeiro erro que, normalmente, cometemos ao tentar viver em comunidade é encontrar nossa fonte de unidade uns nos outros, então o segundo erro que nos impedirá de viver em plenitude é o foco egoísta, a autoproteção e a autoabsorção.

A maior barreira para qualquer tipo de comunidade, quer seja viver juntos, adorar em reuniões, ou orar em grupos, é o vício ao eu. Estamos viciados em atender às nossas próprias necessidades, em fazer as coisas do nosso próprio jeito e nos proteger em primeiro lugar! A maior parte do tempo, o derramar do Espírito é segurado porque em momentos de adoração e oração coletiva, raramente focamos n'Ele, em Seus desejos e até nas necessidades dos que estão ao nosso redor. Queremos adorar do nosso jeito, orar do nosso jeito, conforme sentimos vontade no momento. Se tem algo que eu desejaria para toda a nossa geração, é que ela tivesse o seguinte lema: "Não é sobre mim". Pessoalmente creio que se recuperássemos esse único ponto, entraríamos no maior avivamento na história! Um avivamento de altruísmo é viver o primeiro e segundo mandamento que Jesus nos deu: amar a Deus e amar ao próximo. Não tem como enfatizar demais este ponto. Temos balançado o pêndulo tão intensamente nessa área que para recuperar a verdade bíblica precisaremos de muitas vozes se levantando com uma mensagem de amor por Deus e de entrega do foco em si mesmo.

Jesus é o modelo. Ele morreu para a glória do céu, a sala do trono, Seu poder absoluto e Seu próprio conforto. Ele assumiu um corpo de carne com limitações humanas. Ele prosseguiu até cumprir completamente o plano do Pai para a redenção da humanidade que, por fim, O levou ao maior ato de altruísmo na história da humanidade: a cruz!

> Porque eu desci do céu, não para fazer a minha própria vontade, e sim a vontade daquele que me enviou. (João 6.38)

A intimidade geralmente nos levará ao altruísmo e ao desejo de não fazer nada a não ser o desejo do Pai. Caso contrário, não será um relacionamento verdadeiro, mas sim autogratificação. É a mesma coisa com nossas comunidades, amizades e casamentos. Por que a maioria dos casamentos termina? Por egoísmo. Por que as igrejas se dividem todos os dias? Pelo foco em si mesmas. Por que a maioria das bandas duram apenas alguns anos, e muitos missionários terminam voltando para casa após pouco tempo no campo? Por causa de suas agendas pessoais e do vício de viverem para si mesmos.

A forma de altruísmo que Jesus exemplificou começa no relacionamento com Deus e depois flui para os demais relacionamentos. Imagine o que poderia acontecer em nossos encontros comunitários se todos viessem sem qualquer pensamento sobre si mesmos. Imagine como seriam nossos encontros cristãos semanais se todos viessem para derramar um amor extravagante por Deus e uns para com os outros. Imagine uma comunidade, em qualquer lugar do mundo, em que todos viessem à mesa derrubando seus muros de autoproteção e sendo sinceros! Imagine se você fosse conhecido por quem você realmente é e conhecesse os seus irmãos como eles realmente são: sem sorrisos plásticos, sem respostas falsas, sem máscaras, mas pessoas vivendo de forma autêntica, sem buscar apenas suas próprias necessidades em suas vulnerabilidades. Parece que vivemos de duas formas:

com quase nenhuma vulnerabilidade ou com tanto dela que tudo o que vemos são nossas fraquezas e problemas, de forma que nem conseguimos servir aos que estão ao nosso redor. Jesus chama todos nós para viver o evangelho do altruísmo, pois não há outro evangelho. Ele deixou o exemplo e devemos segui-lo se quisermos a resposta para um dos principais anseios do nosso coração: uma comunidade autêntica!

O cenáculo

O terceiro principal exemplo de encarnação foi, talvez, o maior ato de humildade de todos. No jardim do Éden, Deus andava com a humanidade. Na vida de Jesus, Deus se tornou homem. Contudo, algo muito além da imaginação humana acontece no capítulo 2 de Atos: o Deus perfeito, na Pessoa do Espírito, preenche o homem imperfeito. Não há ato maior de humildade e encarnação da parte de Deus que colocar-se a si mesmo dentro de vasos de barro que ainda estão no processo de santificação! Através deste ato, vemos a terceira chave para uma comunidade autêntica: o *empoderamento*. O Pai veio para alinhar nossas prioridades com Ele antes de todas as coisas, estabelecendo uma verdadeira fonte de unidade. O Filho veio para dar o exemplo de morrer para si mesmo pelo bem de todos, para ensinar a forma de se sustentar a comunidade. O Espírito veio para Se injetar em nosso interior, ensinando-nos o poder da comunidade.

Empoderamento funciona apenas em um ambiente onde se contempla Deus e acaba com o foco em si mesmo. Se apenas empoderar outros é o principal objetivo de uma comunidade, o foco é facilmente perdido. Por outro lado, se uma comunidade não empodera, ela se torna passiva ao invés de frutífera. Isso tem acontecido ao longo da história humana. Muitos cristãos têm se reunido apenas para estar juntos, sem um propósito ou empoderamento real. Para que a Trindade nos convidasse plenamente à comunhão divina, o preço foi o risco do empoderamento. Da mesma forma, para ser uma comunidade autêntica, precisamos arriscar os fracassos e erros de empoderar a outros. O oposto de empoderamento é o controle. Este espírito controlador também tem buscado criar comunidade, mas o resultado sempre tem sido a perda de valores, morte e ditadura.

Imagine se em nossas igrejas, comunidades e ministérios todos buscassem aproveitar os pontos fortes e lutar pelo futuro uns dos outros. O espírito competitivo na Noiva seria esmagado, a independência seria destruída, vitórias seriam celebradas e todos cresceriam cada vez mais em maturidade e frutificação. Assim como o Espírito Santo usou pessoas comuns e as empoderou para feitos extraordinários, a Igreja que empodera os que estão à sua volta terá a autoridade e o poder que chamamos historicamente de avivamento e reforma. Esta dimensão de comunidade é o que leva a um impacto tremendo para fora e ao crescimento do Reino. Precisamos aprender a encorajar sonhos no coração das pessoas que Deus trouxe para se relacionar conosco. Precisamos redescobrir o poder de ser como Jônatas para os Davis que fazem parte da nossa rede de relacionamento, e como Barnabé aos Paulos e Marcos que cruzam nosso caminho. Sem Jônatas, quem teria avisado Davi para fugir de Saul? (1Samuel 20) Sem Barnabé, quem teria buscado Saulo após tantos anos de anonimato? (Atos 11.25-26) Sem Barnabé, quem teria empoderado João Marcos para ser quem Deus via que ele era, tornando-o útil para Paulo, quem, anteriormente, não o chamaria nem para acompanhá-lo? (2Timóteo 4.11; Atos 15.37,38)

Se todos estivéssemos dispostos a andar um pouco mais como Barnabé e Jônatas, veríamos muitos outros Davis e Paulos, que por sua vez gerariam aos Salomões e Timóteos. Contudo, quando todos nós aspiramos a um lugar de influência, favor ou autoridade, tal como vemos em Davi e Paulo, na verdade destruímos todo o processo de empoderamento de uma comunidade e terminamos em isolamento, fragmentação e independência.

Venha o Teu Reino

Comunidade autêntica é o clamor de uma geração. Mas estamos dispostos a viver conforme o exemplo da maior comunidade da história, a Trindade? Estamos dispostos a olhar intimamente para Deus e para a Verdade que Ele define como nossa fonte de unidade? Estamos dispostos a alegremente viver em abnegação ao invés de focar em nós mesmos? Por fim, estamos dispostos a viver uma vida de empoderamento dos que estão ao nosso redor, para que sejam plenamente tudo o que Deus os chamou a ser? Se a resposta é sim, estamos prontos para viver a comunidade autêntica e receber um terreno fértil para a maior expansão e crescimento do Reino que o mundo já viu.

As Escrituras
testificam
capítulo 10

Sonhamos com comunidades centradas na presença do Senhor, transpirando o avivamento e reforma aonde quer que forem! Visualize uma geração andando em caráter radical, paixão fervorosa, poder transformador e amor íntimo. Creia que está surgindo um exército proveniente dos destroços de pessoas e famílias quebradas, e de uma sociedade igualmente quebrada. Um exército que está pronto para a batalha, com os olhos fixos no Senhor dos exércitos dos céus. Vivendo em urgência, morrendo por um legado! Cheios da convicção do céu, da perspectiva dos anjos e da fé para romper. Deixe o fogo de Deus encher sua vida, enquanto você lê estas palavras. Você foi criado para cumprir com o seu chamado, a sua missão. Somos um povo que rompe! Ergam a cabeça, levantem a voz, coloquem-se de pé: vocês são um exército!

Sucessão

As palavras que acabamos de mencionar poderiam ser usadas para descrever vários tipos de grupos na história que mudaram o mundo completamente. Seríamos tolos em crer que isso é algo "novo" que Deus está fazendo. Isso é a coisa mais antiga que Ele tem feito. Desde o começo de tudo, Deus olhou para Adão e lhe deu ordem para que frutificasse, multiplicasse e dominasse a Terra. Nenhuma dessas palavras é defensiva, pois elas falam sobre um Reino se movendo, avançando e vencendo! Sejam férteis em tudo na vida, multipliquem-se e que essa frutificação se espalhe por toda a Terra!

Conforme olhamos para o presente e sonhamos com o futuro, é importante perceber que não estamos formando algo novo, mas carregando algo muito antigo em uma sucessão divina. De acordo com o Dicionário Houaiss, *sucessão* é: "uma série de coisas, fatos, pessoas que ocorrem seguidamente; transmissão de direitos, encargos ou bens que um falecido deixa para seus herdeiros."[1]

A não ser que compreendamos o que é sucessão, corremos o perigo de não ver a figura maior e agir com orgulho. Precisamos entender o contexto da história humana em que nos enquadramos e os moveres de Deus no passado, e então buscar cumprir nossa parte na continuidade de liberar o Reino em nossos dias. É como se fôssemos parte de uma empresa familiar de milhares de anos. Ela nunca chegará ao fim, e um dia possuirá o controle do Planeta e de todos os outros negócios. Mas, a não ser que saibamos a história dessa empresa, corremos o risco de, acidentalmente, começar

---

[1] Míni Dicionário Houaiss. 3ª ed. revista e aumentada. Rio de Janeiro: Editora Objetiva, 2008.

um novo negócio ou redefinir completamente a empresa, ao invés de conduzi-la a uma nova estação, com o mesmo nome familiar, a mesma história familiar e os mesmos objetivos finais.

Assim como uma empresa precisa mudar para acomodar novas tendências da economia e das demandas da sociedade, o Reino também assume diferentes formas e manifestações. Contudo, a linhagem não muda, o Chefe nunca se aposenta e o objetivo é sempre o mesmo. Certamente, existem ministérios únicos que se iniciaram de formas aparentemente "novas" para alcançar os perdidos e comunicar o evangelho. Entretanto, a realidade de que somos parte de um Reino histórico, presente e futuro, nunca muda. A história deste Reino sempre será a nossa história, o Rei deste Reino sempre será o nosso Rei e o objetivo sempre será a frutificação que traz o domínio. Então, a questão não é "Qual é a coisa nova que Deus quer fazer?", mas sim, "Como continuamos o trabalho de nossos antepassados até chegarmos na próxima estação da história humana?".

Bom, primeiro precisamos conhecer um pouco sobre as formas como o Pai se moveu no passado e aprender com esses princípios, para que os manifestemos em nossos dias, da forma que mais impacte a sociedade. Os princípios nunca mudam, mas as formas como eles se manifestam mudam.

A presença priorizando a herança

Durante toda história, houve um remanescente radical que lutou pela presença de Deus, priorizando-a e desfrutando dela acima de qualquer outra coisa na vida. O resultado tem sempre sido o domínio sobre os poderes das trevas e uma grande liberação do Reino da luz! Algumas vezes na história, esse remanescente fervoroso tem sido do tamanho de um grão de mostarda, mas sempre tem prevalecido contra as tentativas mais violentas do inimigo. Deus tem fielmente preservado Sua semente, e essa semente tem fielmente suportado as provações mais difíceis da história da humanidade, para poder passar a tocha adiante.

A incrível realidade de nossos dias é que aqueles que levam a semente de intimidade e missões não mais podem ser chamados de remanescente. A definição de *remanescente* se refere a um pequeno montante que permanece. Seria impreciso considerar qualquer coisa que está acontecendo hoje como remanescente! O remanescente histórico, em sua fidelidade, levou à existência de um exército de cristãos devotos e radicais que estão literalmente em toda parte. Nunca na história houve dias como os nossos, nos quais tantas pessoas levam consigo um verdadeiro fervor e uma profunda estima pela presença do Todo-poderoso, além de um ódio pelo pecado! Cada um de nós está longe da perfeição e ainda longe da Noiva madura que um dia seremos, mas remanescente não chega nem perto de ser a palavra mais precisa para descrever este fenômeno atual!

Um homem como poucos

Uma das principais lâmpadas de intimidade na história foi, sem dúvida, o homem Davi. Ele cresceu no campo com as ovelhas, era o candidato perfeito para redimir uma nação quebrada e dispersa ao Reino onde o verdadeiro Rei fosse adorado acima de tudo. Muitos livros têm sido escritos sobre

Davi e como ele buscou, priorizou e desfrutou da presença de Deus. Mas vamos observar a diferença entre o reino de Saul e o reino de Davi, para termos uma visão mais clara do que Deus está fazendo em nossa geração e quer realizar, por fim, por intermédio de Sua Noiva.

Quando Saul se tornou rei de Israel, a arca da presença de Deus havia sido tomada pelo exército filisteu e não estava mais, geograficamente, em Israel. Certamente, ela não era mais a prioridade do povo! Depois de causar um estrago entre os filisteus, a arca tinha sido devolvida a Israel. Contudo, ela era tão negligenciada naquela sociedade, que permaneceu por muitos anos na casa de Abinadabe (1Samuel 7.1). O termo declarado sobre a nação foi *Icabode*, ou seja, "foi-se a glória de Israel" (1Samuel 4.21). Durante o reinado de Saul, vemos Israel passar de uma luta para outra, perdendo muitas batalhas, com medo dos exércitos inimigos e pouca ou nenhuma consideração pela presença de Deus. Saul governou com a perspectiva de um rei comum, buscando defender Israel com seu grande exército e expandir as fronteiras com pouco ou nenhum resultado. *Icabode* é certamente uma das declarações mais tristes já escritas sobre um povo que tinha sido guiado pela nuvem de dia e o fogo durante a noite.

Vemos uma grande transição no paradigma de Israel quando o pastor amado se tornou rei, assumindo o trono da nação. Com a ascensão de Davi ao reinado, veio com ele seu valioso passado com o Senhor. Horas e horas de conversa íntima com o Rei dos reis, durante a noite, acompanhado apenas pelas ovelhas de seu pai; anos se escondendo debaixo da sombra do Todo-poderoso, enquanto fugia para salvar sua vida, e em tudo isso, uma consideração profunda pela reputação e glória de Deus a ser reestabelecida na vida de Seu povo. Eu lhes digo, Deus está levantando Davis ao mesmo tempo em que essas palavras estão sendo escritas e lidas. Homens e mulheres que vão se doar pela reputação do Senhor dos exércitos, cuja prioridade maior na vida será a presença de Deus e cujo anseio será desfrutar da liberação da glória dessa presença por onde quer que forem! Permita que seu coração seja tomado pelo mesmo sonho que tomou aquele jovem menino pastor, vigilante das cavernas, rei e poeta. Oriente seu coração e vida para buscar restaurar a glória de Deus em um mundo onde o inimigo está desesperadamente ansiando por escrever Icabode!

Dançando sobre Icabode

Logo após o início do reinado de Davi, que nunca se definiu entre ser um rei ou um romântico incurável por Seu Deus, ele foi à casa de Abinadabe para trazer o verdadeiro Rei de volta à Israel. Após uma tentativa fracassada, Davi violentamente destruiu a acusação de Icabode sobre seu povo. Ele dançou ridícula e despreocupadamente porque a presença de Deus voltou a Jerusalém. Cheio de ciúmes fervorosos pela reputação de Seu Deus e com um anseio intenso por "uma coisa" acima de tudo, Davi trouxe a presença de volta ao seu lugar, o lugar onde ela sempre deveria ter estado! Essa mesma violência santa e romântica está enchendo o coração de uma geração que não ficará satisfeita até que o Icabode seja extirpado das nações e a glória liberada sem medida. A Igreja então lutará pela presença, priorizando-a acima de tudo e desfrutando com imenso prazer as Pessoas da Trindade!

O resultado do reinado de Davi, em toda a história da humanidade, tem sido o domínio do Reino de Deus sobre os reinos do homem. O governo de Davi não foi uma exceção. Com o clamor de apenas "uma coisa" em seus lábios, Davi liderou Israel, vitória após vitória, até que a paz fosse estabelecida em suas fronteiras. Então, Davi entregou a seu filho uma nação próspera, poderosa e centrada na presença de Deus.

Hoje, milhares de anos depois, a aliança é diferente, mas os princípios são os mesmos. Lute por um derramar da presença de Deus, priorize Sua vontade, deseje-O acima de tudo e desfrute-O imensamente. O resultado será domínio, influência, avivamento e reforma! É tão simples, mas ainda assim, parece tão difícil.

A sabedoria da igreja de Antioquia

Atos 13 é um modelo bíblico incrível da igreja primitiva. Mas antes de irmos fundo neste exemplo, vejamos o contexto de Atos 2. Os discípulos receberam uma clara estratégia de Jesus para esperar até que Ele derramasse o Seu Espírito. Quando aquele glorioso dia chegou e o Espírito Santo foi derramado, os discípulos foram cheios de um fogo que chacoalhou o mundo! Assim que saíram às ruas, eles se tornaram homens e mulheres que incendiavam e queimavam outros corações. Em pouco tempo, 3 mil pessoas se entregaram para serem consumidas pelo mesmo fogo! Se você fosse um daqueles discípulos, que tivesse apenas esperado por Deus, fosse cheio com fogo e visse 3 mil pessoas sendo salvas, o que você faria quando acordasse no dia seguinte? Bom, para a igreja primitiva, essa estratégia parecia ser muito boa.

A única coisa que fazia sentido para eles era continuar tentando essa mesma estratégia.

Muitas declarações nos capítulos de Atos apontam para um estilo de vida de oração, ensino, comunidade, sinais e maravilhas e as massas entregando o coração a Jesus (Atos 2.42; 3.1–8; 4.23–31; 5.12–16; 6.4). Orar, ser cheio do fogo, levá-lo às ruas e ver as massas virem correndo. Quando chegamos então a Atos 13, a seguinte declaração não é isolada ou sem base para validar o que os discípulos estavam fazendo: "Enquanto eles estavam adorando o Senhor e jejuando, o Espírito Santo disse: Separem-me, agora, Barnabé e Saulo para a obra a que os tenho chamado." (Atos 13.2).

A igreja em Antioquia estava apenas continuando o que estava funcionando tão bem desde o Pentecostes. Eles estavam priorizando o Espírito Santo e ministrando ao Seu coração. Com base nesse fundamento, o Espírito Santo falou, eles obedeceram e o resultado foi um mover crescente de Deus pelas nações!

> Assim, depois de jejuar e orar, impuseram-lhes as mãos e os enviaram [...] pelo Espírito Santo (Atos 13.3,4, *NVI*).

Onde foi que perdemos essa estratégia? Será que nos tornamos espertos e sofisticados demais, ou muito politicamente corretos? Dizem que, quando questionado sobre como conseguia atrair multidões para ouvi-lo, John Wesley respondia: "Eu me coloco em chamas, e o povo vem para me ver queimar.". Esse entusiasmo não é algo de que podemos nos vestir pela manhã, como um sorriso religioso, mas é algo que vem de olharmos para o próprio Fogo. Essa vida de olhar, desfrutar, priorizar e lutar pela presença e Pessoa de Jesus tem sido a chave para os milagres, sinais, maravilhas e a salvação de muitos.

Esta pequena frase, "enquanto estavam adorando o Senhor" (13.2a, *NAA*), é uma das principais declarações para a qual devemos retornar se quisermos andar na plenitude dos sonhos de Deus para esta época da história da salvação. Precisamos voltar a priorizar o ministério da adoração ao Senhor. Pode não parecer uma tarefa tão produtiva; talvez não consigamos ticar nada de nossa lista no fim do dia; e talvez não seja a princípio uma manchete chamativa ou um *post* atrativo no *Facebook*, mas eu lhes digo que esta é a chave para o cristianismo apostólico. Vamos encher nosso coração com a vontade de estar com Ele, ansiar olhar para Ele, moldar toda nossa vida de acordo com Ele e dessa posição, liberar a Sua presença para chacoalhar a Terra por onde quer que formos! Esta é a chave para restaurar a comunhão com Ele. Não é apenas linguagem, aparência ou conceito de intimidade, mas uma humanidade faminta e apaixonada unicamente por Deus.

Parece tão fácil deixar para trás o comissionamento de pessoas e "fazer" todo o trabalho. É claro, precisamos fazer o trabalho, mas como é bom fazê-lo com alegria, prazer, poder e frutificação, ainda que seja nas situações e circunstâncias mais difíceis. A chave para entrarmos nos lugares mais difíceis e tenebrosos do Planeta não é ter mais cabeças fortes e trabalhadores dedicados. Apesar de isso ser essencial à frutificação, nosso coração deve estar fundamentado na fascinação e paixão pela beleza de Deus, valorizando dizer a Ele como Ele é belo. A chave para a longevidade é um coração manso! Em meio a nossas cabeças fortes e trabalho persistente, precisamos ser ainda mais obstinados com o olhar fixo, coração fascinado e louvor a Ele com nossas palavras.

Essa comunhão naturalmente leva a uma vida de domínio, por meio do casamento entre missões e oração. Deus tinha comunhão com Adão no Éden; Adão extraia o domínio da Terra de sua comunhão com Deus. Quando a Igreja voltar a ministrar ao coração de Deus, o avivamento se voltará para a Igreja. Então, quando o avivamento vier à Igreja, a Igreja mudará o mundo!

A história testifica
capítulo 11

O plano de Patrício

No quarto século, um homem chamado Patrício acessou esta realidade de que estamos falando. Ele começou uma estratégia por transformação baseada em cantar salmos a Deus dia e noite. Essa estratégia levou os cristãos celtas para as ilhas britânicas e o norte da Europa. Sua mensagem nascia de uma intimidade e ministração a Deus que veio com poder, amor e tremenda frutificação. Por meio desse movimento, nações inteiras foram convertidas ao cristianismo. O modelo de Patrício era simples: 1) construir uma comunidade de cristãos ao lado de comunidades já existentes; 2) estabelecer ministração a Deus dia e noite, principalmente, cantando os salmos; e 3) sair pela comunidade para desenvolver amizades, ensinar educação básica, alimentar os famintos e pregar o evangelho aos perdidos.

Conforme eles ministravam a Deus, cada região em que eles se estabeleciam tinha sua atmosfera espiritual alterada enquanto os louvores enchiam o ar! Ao mesmo tempo, o coração deles permanecia manso e cheio de amor. Eles tinham algo a oferecer dessa fornalha de adoração a um mundo doente e pagão. De fato, aquele mundo doente e pagão queria o que eles tinham! A mais famosa dessas fornalhas era em Bangor, Irlanda, onde esse modelo de ministério existiu por mais de trezentos anos.

Durante esse período, Bangor foi conhecida pelas nações como "a luz do mundo". Thomas Cahill, em sua documentação histórica, creditou aos cristãos irlandeses daquela época a salvação da nossa civilização. Eles conseguiram isso por intermédio da preservação de documentos históricos, livros e seus programas educacionais.[1]

O sonho de Zinzendorf

O modelo mais familiar desse casamento entre missões e oração veio de Herrnhut, Alemanha, local onde começou o movimento de missões dos morávios. Em 1722, um grupo de refugiados descendentes dos hussitas estabeleceu uma comunidade no nordeste da Alemanha chamada Herrnhut, que significa "sob o cuidado do Senhor". Essa comunidade tornou-se conhecida pelo mundo e na história justamente por viverem a realidade do cuidado divino.

Esse movimento de oração e missões começou em 13 de agosto de 1727, quando o pastor da comunidade organizou a uma festa de amor para celebrar a reparação de relacionamentos

---

[1] Thomas Cahill, 2003. **How the Irish Saved Civilization**. Sceptre, 2003.

quebrados devido a desentendimentos e brigas. Nessa festa de amor, a presença do Espírito Santo se derramou com tanta intensidade que esses dias foram considerados posteriormente como o Pentecoste morávio. Os resultados foram semelhantes aos do primeiro Pentecoste, registrado no livro de Atos. Seis dias após o derramar, a comunidade começou uma "vigília" de oração ininterrupta, sob a premissa de que se Satanás acusava os santos constantemente diante de Deus, quanto mais os santos deviam ser ouvidos diante do trono de misericórdia. Essa vigília de oração durou por cem anos sem parar, e então depois de uma breve pausa continuou por mais vinte anos. Tudo isso aconteceu em Herrnhut, na Alemanha. Outras comunidades morávias começaram vigílias de oração de várias formas e em outros períodos de tempo. Esse derramar do Espírito fez nascer um fervor pela presença de Deus, que fez os cristãos colocarem a presença d'Ele no centro de sua sociedade, trabalho, família, igreja, enfim, *de tudo*!

    Depois de cinco anos de oração ininterrupta, um jovem chamado Alexander Dober teve um sonho em que via um escravo africano clamando a ele por ajuda. Ele foi tão movido pelo sonho que apelou ao Conde Zinzendorf, o líder de Herrnhut, para permitir que ele se vendesse como um escravo para alcançar aos escravos. Isso começou um movimento frenético que enviou mil missionários durante os próximos trinta anos. Esse número foi maior do que todo o mundo protestante havia enviado nos duzentos anos anteriores. O foco intenso dos morávios pela presença de Deus, sua fé no poder da intercessão e seu fervor por alcançar os perdidos tiveram efeitos mais cataclísmicos do que talvez qualquer comunidade ou evento tiveram na história moderna.

Preste atenção em alguns eventos que ocorreram durante esses cento e vinte anos de intercessão. Os dois primeiros grandes avivamentos sacudiram o mundo. A alguns dos maiores avivalistas da história viveram nesta época, a escravidão na Inglaterra foi abolida, o cristianismo se tornou central na história dos Estados Unidos e o movimento moderno de missões entrou em franco desenvolvimento em diversas denominações e sociedades cristãs. O mundo foi literalmente mudado! O quanto disso podemos atribuir aos morávios? Essa pergunta é impossível de responder, mas um modelo de igreja apostólica foi recuperado com a busca, priorização e o desfrutar da presença de Deus. Como resultado, um fogo pelo evangelismo foi aceso, libertando milhões de pessoas.

O Avivamento de Oração dos Leigos

O último exemplo histórico que quero destacar como uma flecha de fé para o que Deus está fazendo hoje é o Avivamento de Oração dos Leigos[2]. Esse talvez é um dos moveres de Deus menos conhecidos e massivos na história dos avivamentos norte-americanos. Em 1857, um homem chamado Jeremiah Lanphier assumiu o ministério de evangelismo de uma pequena igreja em Fulton Street, na cidade de Nova Iorque. A frequência na igreja estava declinando por toda a cidade, e por sinal, por boa parte da nação também. Conforme Jeremiah buscava a Deus para saber como mudar a maré na cidade, ele sentiu do Senhor organizar uma reunião de oração de uma hora ao meio-dia. Isso

---

[2] Movimento de oração iniciado em 1857 nos Estados Unidos conhecido como Avivamento de Oração dos Leigos (Layman's Prayer Revival) porque era liderado por empresários e não ministros [N. do Tradutor].

aconteceu durante a era industrial nos Estados Unidos, quando a maioria das pessoas trabalhava em fábricas. Alarmes na cidade tocavam assinalando quando era a hora do almoço. Jeremiah decidiu começar suas reuniões de oração durante essa pausa para a refeição.

Ao se preparar para isso, Jeremiah espalhou 20 mil panfletos pela cidade esperando por um grande comparecimento. Contudo, em 23 de setembro, a hora chegou e a primeira reunião de oração do meio-dia começou com apenas seis pessoas. Jeremiah não estava pronto para desistir. Na próxima semana quando eles tiveram a segunda reunião de oração, 20 pessoas compareceram. Na semana seguinte, havia 40. Isso gerou um impulso grande o suficiente para todos concordarem em transformar a frequência da reunião de semanal para diária. Mal sabiam eles os desdobramentos que aquelas reuniões teriam.

Em pouco tempo, 3 mil pessoas estavam comparecendo a essa reunião, outros 3 mil se reuniam na Filadélfia e outros 2 mil em Chicago. A fome pela presença de Deus cresceu de tal forma nas cidades dos Estados Unidos, que os alarmes de trabalho começavam a tocar às 11h55mim e 1h05mim ao invés do tradicional horário de 12h00 e 13h00. Isso possibilitava que todos pudessem ter cinco minutos para ir e vir da reunião, permitindo uma hora cheia de oração. No auge desse avivamento, era quase impossível encontrar uma loja que estivesse aberta na hora do almoço, pois todos estavam na reunião de oração. Imagine Nova Iorque, Los Angeles, ou qualquer cidade nos Estados Unidos fechando simplesmente pelo fato da cidade toda estar tão faminta por Deus e com tanto anseio em reunir-se para orar!

Temos passado por diversos momentos de sequidão na igreja ao longo dos anos. Muitos cristãos têm o tédio como sua principal experiência na área de oração. Contudo, em nossos dias, Deus está derramando novamente o dom do desejo em Sua Noiva, e assim como nos tempos de Jeremiah Lanpher, nossa fome pela presença de Deus está crescendo. Isso está levando à uma oração cheia de fervor até mesmo quando ela é inconveniente! Durante toda a história, sempre houve um remanescente de pessoas cuja fome por Deus os levou a ansiar por mais. Essas reuniões de oração que chacoalharam a história geralmente requeriam noites sem dormir, aulas de universidade canceladas e longas viagens apenas para chegar nas reuniões. Em tempos como esse, nosso esforço pelo sucesso e dinheiro tomam um lugar no banco de trás, e o que assume o comando é o desespero pela única esperança e resposta para todos as necessidades humanas.

Essa é a estratégia divina para alcançar os perdidos. Seja cheio de fome por Deus, seja cheio do fogo que essa fome traz, ande pelas ruas, esferas diversas e nações como lâmpadas queimando em todo canto escuro com a iluminação do conhecimento da glória de Deus na face de Cristo (2Coríntios 4.6).

Oração Frenética

Esse avivamento de oração quebrou todo muro denominacional. As pessoas não estavam mais preocupadas em ir a suas igrejas, elas literalmente corriam de suas fábricas para qualquer igreja mais próxima. Havia uma busca frenética para chegar mais rapidamente possível a uma postura de oração, pois as pessoas não queriam perder esse tempo intenso e íntimo com Deus. Os encontros eram inspirados pelas palavras de Jesus em Marcos 14.37: "Não conseguiu vigiar nem uma hora?" (*NAA*). Essa motivação levou a uma hora de oração e jejum intensa que se espalhou como um fogo sem controle na floresta a todas as grandes cidades dos Estados Unidos e até ultrapassou o oceano para liberar um mover de oração e jejum semelhante nas ilhas britânicas.

A mídia se tornou uma das principais formas pelas quais esse mover de Deus em Nova Iorque começou a se espalhar. O editor do Herald Tribune viu um dia de sua janela milhares de pessoas jorrando de suas fábricas, enchendo as ruas. Em questão de minutos, elas desapareceram de novo dentro das igrejas mais próximas. Curioso para entender o que estava acontecendo, ele enviou um repórter a uma igreja para descobrir qual a razão daquela grande excitação pública. O repórter voltou e compartilhou que as igrejas estavam em oração. Durante os próximos dias, conforme os encontros de oração continuavam crescendo, esse editor enviou seus repórteres por toda a cidade para somar o número total dos ajuntamentos. Ao longo do tempo, os relatórios foram de 25 mil para 40 mil pessoas, e cada vez que essas reuniões eram reportadas, a quantidade aumentava ainda mais. Devido aos artigos que estavam sendo escritos, muitas outras cidades pelos Estados Unidos começaram a fazer reuniões semelhantes e, rapidamente, o movimento se espalhou por toda a nação.

Apenas pare por um momento e pense no que poderia acontecer com nossa rede global de comunicações hoje. Na semana passada, eu estava em Buenos Aires, participando de nosso dia global de oração de 24 horas onde, pelo menos, 70 cidades se reuniram, vindas de todo o mundo, e sincronizaram para as mesmas 24 horas de adoração e oração. Começamos e terminamos com uma teleconferência global com muitas nações e cidades representadas. Fiquei impressionado ao pensar no poder da comunicação global disponível hoje, e como ela terá um papel crucial no próximo mover de Deus. Imagine o que vai acontecer pelo mundo quando vídeos no *YouTube*, *Facebook*, *Twitter*, noticiários na Internet e televisão e a tecnologia de celulares começarem a compartilhar ocorrências de mortos sendo ressuscitados e milhares sendo salvos, libertos e curados! Os testemunhos de Deus derramando Seu Espírito sobre "toda" carne será impossível de ser interrompido. O resultado será um derramar ainda maior, mais fé e moveres de Deus, como uma bola de neve além da compreensão ou do controle humano!

Testemunhos do poder de Deus são uma das principais formas que Deus usará para preparar e tornar Sua Noiva madura para Sua volta. Esses testemunhos terão tanta autoridade e poder que milhões de pessoas não apenas entregarão a vida para Jesus pela primeira vez, mas a igreja dormente se despertará, inspirada pelo que Deus fará em toda a Terra. Esse poder sobrenatural dos testemunhos levará muitos dos que os virem e ouvirem a se comprometer, deixando a apatia e o pecado, à medida que forem tomados pelo fervor da onda da presença de Deus que será derramada.

Os testemunhos do Avivamento de Oração do Leigos são poderosos e abrangentes. O poder de Deus movendo nas cidades era tão tangível que passageiros em navios cheios eram vistos caindo de joelhos em arrependimento antes até de chegarem ao porto, sem saber de nada do que estava acontecendo na cidade. Em 1859, apenas um ano após a primeira reunião de oração na Igreja de Fulton Street, mais de 1 milhão de novos convertidos haviam sido acrescentados às igrejas. Não eram cristãos mudando de uma igreja para outra, mas milhões de perdidos sendo trazidos ao conhecimento da salvação de Jesus, comunhão e discipulado! Para que compreendamos quão massivo foi esse mover de Deus, vamos comparar a população dos Estados Unidos em 1859 com a população de hoje. Um milhão de pessoas se rendendo a Cristo em 1859 seria equivalente a mais de 16 milhões de novos convertidos em 2010. Imagine 16 milhões de perdidos recebendo a salvação em um ano! Será que a igreja está preparada para um mover de Deus como esse?

Imagine as possibilidades

Conforme a igreja começou a priorizar a ministração a Deus e a oração por apenas uma hora do dia, o avivamento foi liberado! O que será possível se nos levantarmos de todas as nações, com um grande desejo pela presença de Deus e uma relutância em fazer qualquer coisa na vida, igreja e missões sem estarmos com o coração radicalmente devotado? Essa devoção irá naturalmente nos levar a um estilo de vida que fará grandes sacrifícios para ver os perdidos alcançados e o Reino liberado. Não temos nenhuma forma de medir o que está vindo. Não podemos explicar com a razão! Enquanto a Noiva se levanta em amor e expressa o poder de Deus, nada poderá barrar essa força, ela não pode ser impedida. Que a história nos lembre não apenas as formas como Deus se moveu no passado, mas, especialmente, a postura da Igreja em trazer à luz esses moveres!

Deixe o seu coração ser batizado em confiança, pois durante a história, Deus tem derramado o Seu Espírito por meio da oração apaixonada da Igreja, e Ele está fazendo isso de novo em nossos dias!

Urgência
e legado
capítulo 12

Ao longo da história parece que o Corpo de Cristo e a sociedade em geral funcionam em um pêndulo contínuo de sobrecorreção. Parece que estamos sempre respondendo ao que achamos que é extremo. Ao invés de voltarmos ao que a Bíblia assinala que é fundamental e normal em toda a vida, corrigimos em excesso e dividimos. Isso tem levado à uma divisão enorme no Corpo de Cristo e à criação de mais denominações e igrejas sem ligação denominacional do que podem ser contadas.

Não apenas essas separações, divisões e correções em excesso levam à vergonha de Deus, que adquire a imagem de beirar a esquizofrenia, mas também a uma vida que reflete apenas parcialmente o Reino, o evangelho e o Rei.

Uma das compreensões que temos excessiva e continuamente enfatizado é a noção de que precisamos caminhar com urgência *e* legado. Ao longo da história podemos ver diferentes denominações, movimentos e até tendências sociais que seguiram quase que exclusivamente o legado ou a urgência. Aqueles que enfatizam o legado geralmente focam na provisão de uma herança física para seus filhos, educação para a próxima geração e a saúde da família. Todas essas coisas são completamente bíblicas e verdadeiros valores do Reino. De outro lado, aqueles que têm vivido com lentes de urgência geralmente têm andado em tremendo fervor, trazido avivamentos à igreja, enfatizado a salvação dos perdidos e focado na importância de se extrair o melhor da vida a cada dia. Esses valores também são refletidos por toda a parte na Palavra de Deus e na vida de Jesus.

As pessoas que enfatizam o legado têm conquistado grandes coisas com a reforma da sociedade: têm tido famílias fortes e saudáveis, acumulado riquezas que fazem o Reino avançar grandemente e lançado uma base forte para uma cosmovisão bíblica nas áreas de educação e treinamento. Contudo, se o foco no legado não tem a dinâmica da urgência, essas pessoas e grupos, ainda que baseados na Bíblia, podem deixar de ter paixão e fervor pelo romper e a intimidade diária com Jesus. Frequentemente eles evitam o risco pelo ganho de longo prazo. Isso pode ser bom, mas também pode levar essa geração a ter riquezas e conhecimento, mas ceder à apatia. Algumas vezes esses indivíduos e grupos terminam passando um legado de tradições baseado em princípios que, de fato, funcionam, mas não levam consigo a vida do Espírito.

As pessoas que têm uma tendência natural à urgência, ou cresceram em grupos que tinham a urgência como propósito de vida, geralmente agitam as coisas no Corpo de Cristo, correm atrás de alcançar os perdidos e carregam um fervor diário para conhecer a Deus e liberar Sua presença onde quer que forem. Esse tipo de pessoa e movimento naturalmente se entregam a grandes passos de fé, que geram testemunhos que todos amamos ouvir. Muitas vezes, são considerados os que fazem as coisas acontecerem no Corpo de Cristo. Contudo, quando o legado não é parte da visão de mundo da urgência, famílias podem ser descuidadas em prol do "ministério", o crescimento do caráter pode ser negligenciado em prol do poder e, assim, a urgência pode ter vida curta e pequeno impacto, caso ela deixe de considerar o legado.

Equilíbrio?

A tendência para a sobrecorreção e divisão vem de um conceito que pode parecer oposto ao extremismo, mas que na realidade alimenta essa mentalidade. É um conceito chamado *equilíbrio*. Quando essa palavra não é usada de acordo com sua verdadeira definição, geralmente acaba se tornando nossa base para definir como "equilibradas" as nossas próprias crenças e como "extremas", as de qualquer outro que discorde de nós. Por exemplo, se alguém opera no poder do Espírito Santo, cristãos inseguros e sem poder apontam o dedo e dizem que ele precisa de mais "verdade". Por muito tempo, a igreja tem operado sob uma mentalidade de "criar equilíbrio" em toda as áreas da vida. E até uma certa dimensão, há coisas que precisam ser equilibradas. Contudo, muito tempo e energia são desperdiçados em tentativas de equilibrar áreas de nossa vida que as Escrituras não dizem que devemos equilibrar.

Você já ouviu alguma vez que temos de viver em equilíbrio entre o Espírito e a verdade? Isso pode soar correto para alguns, mas qualquer um que tenta viver isso ou julgar a vida dos outros será levado à frustração e à doença de "discordar e dividir" que permeia a igreja hoje. A principal razão para isso é que o equilíbrio entre Espírito e verdade simplesmente não é bíblico. Assim como a maioria dos "equilíbrios" que pregamos, ensinamos ou tentamos viver, eles são geralmente uma desculpa para enfatizar o que desejamos e rejeitar aquilo de que não gostamos. Então as pessoas que fazem isso partem da proteção de seu conforto pessoal ao julgamento de qualquer um que não esteja de acordo com sua interpretação pessoal do que é equilíbrio.

A plenitude

Entretanto, o que a Bíblia claramente ensina de capa a contracapa é um estilo de vida em *plenitude*. No livro de Efésios, Paulo continuamente nos convida a sermos "cheios de toda a plenitude de Deus"; para sermos o Corpo, "a plenitude daquele que a tudo enche em todas as coisas"; e para equiparmos o Corpo de tal forma a andarmos em unidade e atingirmos "a medida da estatura da plenitude de Cristo" (Efésios 3.19, *ARC*; 1.23; 4.13). Portanto, a vida é muito mais sobre receber graça para andar na plenitude de Deus e tudo que Ele pretende para nós do que tentar cavar uma cova entre o Espírito e a verdade, poder e forma, fé e obras, urgência e legado, etc.

Este pensamento sobre plenitude nos dá liberdade para andar em verdadeiro equilíbrio ao invés de em sobrecorreção. Assim como nosso ouvido interno contém um fluido que continuamente nos permite adaptar a mudanças de elevação e movimentos súbitos, nossa espiritualidade se torna uma junção de tensões que nos leva constantemente a buscar o Senhor, aproximar-nos dele e aprender a andar conforme Sua plenitude que preenche todas as coisas. Em lugar de colocarmos nossas estacas de tendas no campo, impedindo a nós mesmos de confrontar nossas inseguranças, medos e feridas passadas, permitimos que a verdade da Palavra, a condução do Espírito e a comunidade autêntica aja como nosso equilíbrio em direção a um crescente entendimento do Reino e dos caminhos de Deus.

Retornando ao nosso tema de urgência e legado, Deus está à procura de pessoas que não andarão no extremo de estarem completamente em urgência ou em legado, ou de estarem no que se considera o equilíbrio entre urgência e legado. A plenitude do desejo de Deus para nós é que vivamos em urgência diária para um legado de longo prazo! Essa plenitude é sobre juntar duas ideias que sempre foram destinadas a ser completamente unidas. Na realidade, elas não podem funcionar uma sem a outra. Se meu foco é apenas a urgência, eu não terei legado. Se meu foco é o legado, mas não tenho urgência, então ele cederá lugar à apatia no longo prazo e não será um legado verdadeiramente do Reino. Pelo contrário, somos chamados a ser radicais na fé todos os dias, carregando o coração da urgência de Deus para alcançar os perdidos e caminhando no fervor diário de um relacionamento cheio de fogo com um Deus vivo. Devemos derramar esse fervor em nossas crianças, nossos principais discípulos e em nossos cônjuges e principais colaboradores. Ao mesmo tempo, devemos viver cheios de anseio e de ações que permitirão que nossa urgência ainda seja fervorosa daqui a setenta anos. O objetivo é a união entre urgência e legado; o casamento de uma vida de oração com urgência que dure setenta anos. Um estilo de vida com urgência de alcançar a sociedade, que nunca negligencia os relacionamentos de longo prazo. Urgência e legado. Fogo e fragrância.

Fé pela Reforma

Vivemos dias em que o discurso continua sendo "A geração atual que se levanta na Igreja é a 'última geração'". Isso poderia ser totalmente verdade — e certamente será verdade em alguma geração. Esse tipo de discurso faz maravilhas em prol de uma vida de urgência, e tem sido assim durante toda a história. Contudo, a história tem nos mostrado os efeitos de gerações que se deixaram levar, pensando que eram a "última geração".

Uma doutrina varreu a igreja no início dos anos 1900, dizendo que o arrebatamento viria em breve, a Igreja seria retirada do mundo e o mundo seria então destruído. Não importa a sua posição escatológica; essa é uma mensagem perigosa para se pregar sem que se ande na plenitude da urgência e do legado. O que acabou acontecendo levou à degradação de, pelo menos, uma nação cristã, os Estados Unidos. Conforme essa ideia começou a permear a igreja cada vez mais, cristãos pararam de se educar, de trazer inovação nas esferas da sociedade, de influenciar a educação, a mídia e as ciências. Como resultado, a influência do cristianismo no país acabou se limitando a cultos de domingo de manhã. O cristianismo é geralmente zombado pela indústria da mídia, não tem voz nas ciências e é barrado da educação.

Como é que isso aconteceu? Não somos chamados para ser a luz do mundo? Não somos cheios da força mais poderosa e criativa no Planeta? Não somos chamados para liderar em todas as áreas? Sim! E podemos voltar a fazer isso, mas não devemos deixar nossa escatologia nos limitar aos nossos trinta, cinquenta ou setenta anos nesta Terra. É tempo de ensinarmos nossas crianças que, em sua urgência, eles não devem esquecer o seu legado. É tempo de levantarmos uma geração que, se Deus os chamar para isso, urgentemente se posicionarão em dez anos de estudos para que seu legado possa influenciar governos, Hollywood, universidades, hospitais e todas as áreas da sociedade que tem sido praticamente entregues às mentes embebidas de humanismo e com uma agenda para provar que a Igreja e Deus são tolice e inexistentes! Ao mesmo tempo, precisamos ensinar nossas crianças a viverem com uma lembrança constante de que Jesus está voltando e a dedicarem a vida à causa d'Ele. Nosso legado nunca deve roubar nossa urgência, senão ele será irrelevante. Nossa urgência nunca deve matar nosso legado, senão ela será perigosa. Há esperança para reforma nas nações, e ela está no paradigma do casamento da plenitude da urgência e do legado.

Urgência por caráter

Parte da ênfase do legado que Deus quer liberar em meio à urgência de nosso coração é a importância de desenvolver um caráter radical e íntegro ao ansiarmos por unção e poder. Essas duas coisas devem ser buscadas juntas! É tempo de nossos líderes mais ungidos no Corpo, aqueles que fazem sinais e maravilhas radicais, também serem nossos líderes com maior integridade de caráter. Ao mesmo tempo, nossos líderes com maior integridade também devem buscar a liberação do poder de Deus por intermédio deles. É tempo desta geração se levantar com tamanho desejo por Deus e por impactar a sociedade, que ela, naturalmente, será levada a uma vontade de se desfazer de todo obstáculo.

Não podemos mais orar pelos doentes em um momento e no próximo pensar que está tudo bem em ceder ao vício da pornografia. Não podemos mais aceitar profetizar o coração de Deus a uma pessoa em um momento e no próximo ceder ao excesso de álcool. Onde estão os que estão queimando para amar nada mais além de Deus, e odiar nada mais além do pecado? É tempo de nos levantarmos com um poder radical e um caráter radical. Temos tido demasiados *shows* com fogos de artifício no Corpo de Cristo! Contudo, isso não é uma desculpa para dizer que devemos parar de buscar o poder de Deus. Melhor ainda, busquemos o fervor, o poder e os dons do Espírito ao mesmo tempo em que desenvolvemos o caráter, a integridade e destruímos todo o pecado que nos enreda. A unção nunca pode ser uma desculpa para o pecado. Desenvolver o caráter nunca pode ser uma desculpa para não andar no poder de Deus! Precisamos de ambos: a plenitude da urgência e do legado.

Caráter que sustenta
o avivamento
capítulo 13

Eu estava no topo de um pequeno monte, olhando a pequena e pitoresca comunidade de Herrnhut, no leste da Alemanha. O meu coração estava sendo cheio de visão enquanto eu pensava no mover de Deus que havia acontecido naquela terra. Por cento e vinte anos, aquela comunidade sustentou uma vigília de oração, ininterrupta, clamando pelo avivamento nas nações e a liberação de colhedores nos campos. Como temos visto, dessa fornalha de intercessão e comunidade cristã autêntica, veio uma força missionária enorme sobre toda Terra. Quando o líder deles, Conde Zinzendorf, morreu em 1760, eles haviam enviado mais missionários para as nações do que o mundo protestante inteiro nos duzentos anos anteriores. Oração e missões tinham verdadeiramente convergido. Esse pensamento estava enchendo minha mente com sonhos, ambições e visões para o futuro, enquanto contemplava o lugar onde tudo aquilo começou.

Eu podia ver uma enorme onda de jovens indo aos lugares mais difíceis e obscuros do Planeta com a luz do evangelho, priorizando a presença de Deus e andando no Seu poder. Vislumbrei milhares de comunidades por todo o mundo que viveriam de forma autêntica e amorosa, e seriam agentes de avivamento e reforma. Ainda tenho esses pensamentos, e eles continuam crescendo em meu coração e mente. Contudo, em meio a essa visão grandiosa, o Senhor começou a falar comigo sobre outra coisa.

"Não foi a visão deles que me impressionou", passou um pensamento por minha mente como a brisa fria da manhã. "Não foi a estratégia deles que mudou o mundo", veio um outro sussurro suave.

O coração disso tudo

Conforme continuei esse diálogo com Senhor, fiquei chocado com minha tendência de tão facilmente negligenciar a real causa do movimento de oração e missões dos morávios, e imediatamente começar a desenhar planos, estratégias e visões em minha mente. Quase caí em lágrimas ao sentir, repentinamente, o amor arrebatador do Senhor por aqueles homens e mulheres. Foi o amor puro deles por Deus que os levou a buscar estratégias para liberar o Reino de Deus poderosamente na Terra. Não começou com uma estratégia ou visão; começou com amor!

Um sentimento da parte do Senhor começou a correr em minhas veias. Eu podia sentir Seu anseio em ver uma geração cujo amor seria tão profundo, o caráter tão forte e a perseverança tão sobrenatural, que a consequência natural seria a transformação do mundo ao redor dela! Era como se eu fosse um navio prestes a levantar as velas em um caminho perfeito, com sonhos nobres e uma tripulação para fazer tudo acontecer. E ainda assim, o Senhor estava ansiando em apenas estar conosco no navio, e não nos mandar embora! Eu senti Seu coração chorando para que os que O amam trabalhassem, e não para que os trabalhadores tentassem amá-lO.

Foi o coração daqueles homens e mulheres, que haviam estado naquele mesmo monte duzentos e oitenta e sete anos antes, que mudou o mundo. Foi o coração do Conde Zinzendorf que havia encontrado com o Senhor em sua juventude e não queria nada mais do que glorificar a seu Senhor. O amor era a motivação! O amor é o começo de todo mover de Deus e de todo processo de transformação. A visão é gloriosa, Deus está cheio de estratégias para mudar o mundo, mas tudo isso precisa começar com amor. Um amor sincero e puro que produz um caráter que consegue segurar o vinho novo que Deus está derramando. Só então nos tornaremos vasos que podem ter uma visão que chacoalhará o mundo, mas sem deixar que a visão vire o alvo.

O texto de Filipenses 1.9-11 diz:

> E peço isto: que o vosso amor aumente mais e mais em ciência e em todo o conhecimento. Para que aproveis as coisas excelentes, para que sejais sinceros e sem escândalo algum até ao Dia de Cristo, cheios de frutos de justiça, que são por Jesus Cristo, para glória e louvor de Deus (*ARC*).

Sem cera

Essa passagem nos leva de um amor que aumenta em ciência e conhecimento à compreensão do que é excelente, para assim se tomar decisões que levam a uma vida sincera e sem escândalo até o Dia de Cristo. O amor nos leva a uma revelação que conduz a um caráter íntegro. A palavra traduzida para *sinceros* em Filipenses é um termo usado para descrever vasos que eram "sem cera". Nos tempos bíblicos, os vasos eram feitos de cerâmica. Quando um vaso rachava, ao invés de jogá-lo fora, derretia-se cera para preencher a rachadura e assim reter a água. Contudo, a força do vaso era prejudicada toda vez que uma rachadura era preenchida com cera. Quando um vaso era examinado para saber sua verdadeira força, ele era levantado em direção ao sol para que as rachaduras com cera fossem expostas, revelando se ele era realmente forte ou apenas tinha a aparência de ser forte. Um vaso era considerado *sincero* se não tivesse cera.

O amor, abundante em revelação, invariavelmente levará a uma vida sem cera. Apenas vasos sem cera passarão pelo teste do tempo e das tribulações da vida, e serão aprovados para carregar o vinho que Deus está ansiando derramar sobre essa geração. Esse vinho certamente levará ao maior avivamento de toda a história!

Por tempo demais, temos buscado gerar caráter nesta geração, mas sem uma fascinação com o Próprio "Caráter"! Temos tentado convencer pessoas a andarem em integridade, sem antes permitir que elas sejam convencidas internamente de que um Deus de amor quer ensiná-las a viver segundo Sua natureza e Seu caráter. A fascinação com este Deus de amor é a motivação que nos leva à imitação. Não podemos mais arcar com novos ministérios e pessoas ungidas que têm dois bons anos de ministério, toneladas de visões expostas, um *website* sensacional, mas que no fim são apenas um *show* de fogos de artifício: a aparência parece incrível por um momento, mas acaba se tornando outra triste história de divórcio, imoralidade, desonestidade financeira ou escândalo.

A unção é quente! Quando o calor é derramado, a cera em nosso caráter se derrete completamente e destrói nossa utilidade, como vaso. Por tempo demais temos preenchido as rachaduras de nosso caráter com uma falsa substância que parece ser boa no exterior, mas que jamais suportará o calor que vem com a unção, a influência e até a reação do inimigo. Contudo, como é revelado em Filipenses, este tipo de sinceridade só pode ser gerado por um amor abundante e contínuo.

O amor é a motivação

Foi esse amor que encheu meu coração enquanto eu estava naquele monte contemplando a Herrnhut. Uma oração inundou meus lábios: "Deus, levante uma geração de pessoas que amam! Uma geração que O amará mais do que a própria vida, de pessoas que darão a vida para simplesmente amá-lO! Senhor, preencha o meu coração com mais amor do que visão, com mais caráter do que ambição. Mas que meu amor e caráter sejam de tal forma que eu carregue a unção mais fervorosa e quente que o Senhor já derramou! E Deus, não apenas um outro Zinzendorf, ou um outro John Wesley, ou um outro George Whitefield, mas uma geração inteira de pessoas que O amam de todo o coração! Que o amor deles pelo Senhor faça que todo pedaço de substância falsa seja exposto e, assim, quando Jesus nos apresentar ao Pai, sejamos considerados como vasos sem cera! Então poderemos carregar as visões e estratégias que o Senhor está buscando derramar nestes dias. E não apenas por três bons anos, não apenas para um título ou *website* chamativo, não apenas para começar um movimento, mas para lutar por um movimento que terá continuidade até que o Senhor retorne!".

A questão do caráter não pode mais ser apenas um pequeno parágrafo no fim de um livro sobre poder e glória. Ele não pode mais ser reservado a rápidas conversas pessoais. A unção não pode mais ser desculpa para um caráter falho. A integridade deve estar à frente de nossa mensagem e de nossa vida! Além disso, o tema do caráter não pode mais ser uma lista de podes e não podes! A questão não é: "tudo bem se eu fizer isso ou isso?". A questão é: "Quem é Deus? Quem é este Deus que me ama tanto? Como Ele é? Do que Ele gosta?". Essa fascinação gerará um caráter semelhante a Deus e derreterá a cera falsa, deixando-nos sinceros e sem escândalo, e enchendo-nos de unção até o dia de Cristo. Tenhamos fome até alcançarmos isso!

Daniel

Entremos assim neste amor abundante, que nos traz mais revelação, que por sua vez nos leva de volta ao amor abundante. A consequência natural será a habilidade de discernir o que é melhor na vida, o que é excelente. As escolhas feitas com a premissa do amor, discernimento e da revelação serão a chave para a Noiva se tornar madura antes do retorno de Jesus. A Noiva não alcançará maturidade sem que, finalmente, acertemos o modelo de discipulado ou tenhamos bons grupos de contabilidade de tal forma que todos parem de pecar. Maturidade está diretamente relacionada ao aumento do amor, por meio da revelação de Deus, que conduz a escolhas maduras. Daniel era um homem que entendeu e viveu isso. Note as palavras que os observadores de Daniel usaram para descrevê-lo:

- Instruído em toda a sabedoria, sábio em ciência, e entendido no conhecimento (Daniel 1.4, *ARC*).

- Conhecimento e a inteligência em todas as letras e sabedoria; mas a Daniel deu entendimento em toda visão e sonhos (1.17).

- os achou dez vezes mais sábios do que todos os magos e encantadores que havia em todo o seu reino. (1.20, *NAA*).

- Então Daniel, com cautela e prudência, foi falar com Arioque, (2.14).

- Há em ti o espírito dos deuses santos, e nenhum segredo te é difícil (4.9).

- Luz, e inteligência, e sabedoria, como a sabedoria dos deuses (5.11)

- Espírito excelente, e ciência, e entendimento, interpretando sonhos, e explicando enigmas, e solvendo dúvidas (5.12)

- Não podiam achar ocasião ou culpa alguma; porque ele era fiel, e não se achava nele nenhum vício nem culpa (6.4).

Nós estaríamos muito bem se tivéssemos tudo isso no epitáfio de nossas lápides. Contudo, se isso não é dito sobre nossa geração ou sobre nós como indivíduos, precisamos começar a reparar na desconexão entre essa reputação e a disciplina diária e as escolhas de vida que nos levem a desenvolver essas qualidades. Não podemos desconectar a integridade, a longevidade e a unção de Daniel de sua vida de comprometimento em oração, jejum e busca.

Deus anseia nos encher com uma visão precisa sobre as disciplinas espirituais, para que comecemos a experimentar as divisas nos lugares agradáveis, conforme Davi se refere no Salmo 16. Eu profetizo e declaro que Deus está levantando uma geração inteira que será conhecida tanto por seus grandes feitos quanto por seu caráter comprometido, com poder radical e uma vida comprometida de disciplina extravagante! Estes pontos serão inseparáveis para esta geração. O mundo olhará maravilhado para o grupo de "Daniéis" surgindo na Terra, para uma Igreja cujo caráter é sem reprovação e a vida é cheia de unção, poder e amor.

Influência através da pureza

No Capítulo 6 do livro de Daniel, lemos a conhecida história de Daniel sendo jogado na cova dos leões. Muitos de nós crescemos assistindo a desenhos dessa história na TV, em fitas de vídeo ou DVD's. Esta história é tão familiar que, às vezes, deixamos de notar o seu poder. Os inimigos de Daniel tiveram de criar uma lei que não existia previamente, para encontrar algo errado com ele. Daniel 6.3 diz que ele "se distinguiu desses príncipes e presidentes, porque nele havia um espírito excelente; e o rei pensava constituí--lo sobre todo o reino." É tempo de a Igreja andar em um nível tal de caráter e integridade, que não sejamos conhecidos apenas como aqueles que criticam ou condenam constantemente os nossos líderes, mas como aqueles que confrontam a impiedade com a pureza de nossa vida. Devemos ganhar tamanha reputação que não precisemos forçar nosso caminho para posições de influência. E se formos convidados a governar sobre nações por causa do "espírito excelente" no qual andamos?

Por ciúmes, os inimigos de Daniel conseguiram achar uma solução para tirar seu poder e influência. Eles convenceram o rei Dario com a ideia de que apenas ele poderia ser adorado durante trinta dias, e qualquer um que fosse culpado de quebrar essa lei seria condenado à morte e lançado na cova dos leões.

Daniel estava irredutível diante dessa ameaça e imediatamente foi buscar ao Senhor. Naquele dia, ele se prostrou diante do Senhor três vezes, como era seu costume desde a juventude. O peso total da consistência, devoção e disciplina de Daniel somente pode ser reconhecido quando consideramos que a juventude de Daniel tinha ficado há muitos anos no passado. Naquele momento, Daniel já tinha estado em cativeiro por sessenta e seis anos. Se ele tinha 15 quando foi levado cativo, então ele teria 81 naquela época. Se ele tinha 20, então teria 86. De qualquer forma, ele não era um jovem e essa descrição testifica o peso de toda uma vida de devoção radical em um reino pagão. O resultado foi a reputação e unção que hoje lemos sobre ele e admiramos tanto. Esse tipo de vida não é desenvolvida acidentalmente. Nos enganamos se pensarmos que tropeçaremos na grandeza ou viveremos por acidente uma vida de intimidade e poder cada vez maior.

Disciplina plenamente agradável

Davi escreveu: "As minhas divisas caíram em lugares agradáveis; é linda a minha herança!" (Salmos 16.6, *NAA*). Ele reconheceu a correlação direta entre uma vida dentro das divisas dadas por Deus e uma bela herança. Por tanto tempo, temos separado a disciplina do prazer, pensando que uma é o castigo e a outra é a liberdade para fazer o que quisermos. Contudo, estamos caminhando para um lugar em que as divisas são descobertas como agradáveis. Conforme vivemos nelas, nos vemos saindo da montanha-russa do cristianismo, com seus sobes e desces, para uma vida de disciplina plenamente agradável. Isso nos levará a uma herança verdadeira e duradoura, cheia de prazer eterno!

Você acha que, em algum momento no final de sua vida, Daniel desejou ter gasto menos tempo na disciplina de oração e jejum? Será que alguém chega no fim de sua vida e deseja ter gasto mais tempo vendo televisão, olhando para a tela de um computador ou em atividades inúteis? É duvidoso! Isso não é de nenhuma forma uma declaração legalista. Estou me referindo ao verdadeiro prazer e deleite durante esta vida e a vida porvir. Um coração plenamente disposto às coisas de Deus e às coisas da eternidade. Uma vida gasta com as coisas que realmente importam. Uma vida de divisas agradáveis resultando em uma vida de impacto radical!

Margens do rio

A declaração de Davi sobre as divisas pode ser comparada a um rio cujas margens altas são impenetráveis, até na estação de inundação. Ao invés de transbordar às margens, esse rio feroz, fluindo em meio a altos muros, irá apenas mais fundo. Se um rio tem margens baixas ou brandas, o resultado é uma inundação no delta, que acaba tendo mais de um quilômetro de distância, mas apenas um polegar de profundidade. Infelizmente, isso tem sido verdadeiro demais em muitas eras da história da igreja. Ao invés disso, por meio de uma vida de foco e disciplinas agradáveis, podemos nos tornar um povo vivendo no rio da presença de Deus por setenta ou oitenta anos, indo cada vez mais fundo nas estações de "inundação" ou de enormes enxurradas. É tempo de construirmos disciplinas como se fossem margens altas em nossa vida, ao nos dedicarmos a uma profunda vida de oração, de estudo da Palavra, meditação, quietude, jejum, excelência nas finanças, prolongando-nos na presença de Deus, com rédeas apertadas em nossos olhos e mentes e um coração que consistentemente admira a face de Jesus!

    A chave para essa vida não é fazer tudo isso por obrigação ou dever, porque alguém disse, ou até para impressionar os que estão ao nosso redor. Temos de deixar o pensamento de que a essência do cristianismo é expressar o amor a Deus por meio de mais disciplina. De fato, em um certo sentido, a disciplina é uma expressão de amor. Mas se a nossa disciplina é apenas uma tentativa de amar a Deus, ela vai sempre acabar se tornando um esforço e esgotamento. A chave é essa: Ele nos amou primeiro! A base para todo o cristianismo é o Seu amor radical e incondicional por Seus filhos e filhas. Apenas com essa base podemos começar a nos aproximar das disciplinas e permitir que elas nos posicionem para ter mais revelações do amor e uma maior resposta ao amor. Permita que essa realidade preencha sua essência. Se a base do nosso cristianismo for qualquer coisa que não o Seu amor por nós, então seremos suscetíveis a um cristianismo baseado em obras. O melhor caminho é despertar a cada manhã com admiração por um Deus que nos ama apesar de tudo que aconteceu ou está acontecendo. A disciplina, o foco e caráter semelhante a Deus são respostas orgânicas à revelação impressionante desse amor. Dessa posição, veremos uma geração caminhando em disciplina radical mais que qualquer outra anterior, sem resultar em religiosidade ou dever cego. O que veremos será uma resposta contínua ao amor de Deus.

Influência através da pureza

Creio firmemente que, se estivermos baseados no amor de Deus por nós, retornando a Ele com expressões extravagantes de amor, veremos um grupo de pessoas sobressaindo em intimidade, revelação e frutificação. Chamaremos isso de aceleração, apesar de que deveria ter sido sempre algo normal. A maturidade de nossos jovens de 18 anos começará a assemelhar-se a de uma pessoa normal de 30 anos. As pessoas de 30 anos começarão a olhar, pensar e caminhar como os de 50 anos. Eu creio que isso é verdade, pois estabelecemos um nível tão baixo para a maturidade e frutificação cristã, que quando alguém realmente coloca seu coração e olhos em Jesus e começa a andar em um estilo de vida cristão natural, todos percebemos e comentamos como essa pessoa parece ter muito mais idade do que realmente tem. Creio que o que temos definido como "radical" parecerá complacência quando comparado com para onde estamos indo. O que temos chamado de "aceleração", se tornará algo normal. A maturidade cristã será completamente redefinida quando a geração de adolescentes de 12 anos começar a encher nossos púlpitos e ruas com a Palavra ardente do Senhor no coração e na mente. Colocará as mãos sobre os doentes, e eles ficarão curados; orará pelos mortos, e eles ressuscitarão; falará aos possuídos, e eles serão libertos! Esse mover de Deus que está vindo terá cristãos se levantando completamente convencidos, apaixonados e cativados pela beleza de Jesus e o amor de Deus. Ao mesmo tempo, esses adolescentes começarão a andar com tamanha disciplina e foco que outras pessoas da igreja podem até chamar de algo religioso, simplesmente porque se sentirão preguiçosos e apáticos se comparados a eles. Esses cristãos fervorosos também andarão em grandes feitos, compaixão sobrenatural e sabedoria fora deste mundo! Será uma geração como Daniel, uma geração que deixa de lado o "cristianismo de micro-ondas" para uma jornada de longa admiração e altas margens de disciplina.

Deixe Jeú correr

capítulo 14

Nos primeiros dias de 2009, no jejum anual global de Ano-Novo do Burn 24-7, nossa equipe nacional se sentiu movida a ter como foco das orações pedir que uma nova medida de pureza e santidade fosse levantada nos Estados Unidos. Começamos a sonhar, crer e lutar para que uma Noiva radiante e sem mancha surgisse nessa época da história, durante nossa vida, como havia sido profetizado e prometido durante toda a Bíblia. Apesar da depravação moral excessiva e generalizada da sociedade em nossos dias, iniciamos orações cheias de fé e petições para que um plano de redenção fosse liberado e que santidade e pureza fossem restauradas na nossa geração. Enquanto embarcamos nessa jornada juntos, de forma sobrenatural, Deus deu uma mensagem idêntica ao coração de nossos líderes em um período único de vinte e quatro horas. A premissa dessa mensagem era uma convocação, pois esse novo mover de santidade deveria começar conosco.

Essa paixão e busca súbita foi colocada divinamente no coração de cada um da equipe e confirmada por intermédio de diversos sonhos, visões e palavras. Como resposta, passamos inúmeras horas em momentos de oração e adoração, teleconferências, encontros estratégicos e reuniões de líderes. Precisávamos discutir como implementar isso na prática em nossa vida pessoal, antes de começar a encarar uma nação toda!

Uma nova revolução moral de pureza e santidade está chegando a uma geração sedenta por purificação e libertação. Muitos estão buscando ser "irrepreensíveis e puros" em uma "geração pervertida e corrupta", como Paulo menciona em Filipenses 2.15 (*NAA*). Uma vida construída neste lugar de consagração é a fundação para Deus liberar fogo fresco no altar de nosso coração, que será mantido por gerações e gerações. Estamos atrás do fogo contínuo e da unção que nunca se apaga!

A epidemia

Esta jornada é alimentada pelo comando de Deus em Levítico 11.44, que é posteriormente reiterado no Novo Testamento em 1Pedro 1.15: "sejam santos, porque eu sou santo" (*NVI*). Esse comando é bem simples e direto, certo? Contudo, infelizmente muitas igrejas, líderes, pastores e fiéis do Corpo de Cristo têm hesitado em caminhar perto do tema da pureza e santidade, por tudo que esse tema envolve. Abrir essa "lata de minhocas" nos força a colocar linhas, criar limites e trazer muitas definições para o que essa nova revolução moral realmente significa. Há muitas opiniões, livros, métodos, conferências, teologias e ideologias para nos entreter com esse tópico, com muitas correntes diferentes. Visto que muitas dessas estão em contradição direta umas com as outras, como podemos esperar chegar a um plano de ação unificado para derrotar os inimigos da lascívia e perversidade que devoram esta geração?

Apesar da disfunção óbvia da desunião nesta questão, creio que também temos medo de contemplar a enormidade desta epidemia consumindo milhões de corações. Esta crise é muito maior do que a maioria de nós pensa; é como riscar a superfície de um *iceberg* flutuante que, na verdade, é milhares de vezes maior debaixo d'água. Muitos dizem que uma dimensão idêntica de lascívia sempre esteve aqui conosco desde que Adão e Eva foram banidos do jardim do Éden. Outros insistem em que a história nunca teve um momento de tanto ataque de lascívia do inimigo nas pessoas.

A verdadeira questão que permanece como um peso no coração dos valentes é: Ainda há esperança de uma mudança de rumo? O mal pode ser derrotado de novo? O propósito de uma geração presa a esse espírito abominável pode ser destravado? Uma cultura sexualmente carregada de vergonha e desgraça pode verdadeiramente se tornar "luz do mundo" de novo? Podemos experimentar individualmente um romper que leve a um avanço coletivo contra a perversidade em nossas casas, igrejas e comunidades? A promessa contida em Isaías 59.19 nos dá um sinal de esperança diante do lamaçal desta praga cultural: "vindo o inimigo como uma corrente de águas, o Espírito do Senhor arvorará contra ele a sua bandeira." (*ARC*). É tempo dessa bandeira ser levantada.

Um exemplo revelado

Certa frase começou a circular entre nossos "queimadores", enquanto falávamos e orávamos a respeito da condição dos Estados

Unidos neste momento crucial. Sabendo plenamente que nossa nação está em meio ao declínio moral mais profundo de sua história, cremos que tempos drásticos exigem medidas drásticas. As palavras que vieram durante as conversas, orações e canções foram:

É tempo de Jeú percorrer a nação como nunca antes!

Deus começou a revelar um exemplo bíblico oportuno, de onde receberíamos uma revelação muito necessária. A história de Jeú, registrada em 2Reis 9, começou a colocar em palavras o que muitos de nós estavam sentindo em nosso interior. Esse era um exemplo que veio ao nosso espírito e nos deu esperança e fé no que Deus faria em nossos dias. Um zelo santo e indignação justa começaram a surgir em nossa alma contra as fortalezas que prendem esta geração, afundando-a em lascívia, vergonha, perversidade e incredulidade.

Quando Jeú, filho de Josafá, apareceu em cena em Israel, Acabe e Jezabel reinavam supremos e a nação estava presa a um espírito de idolatria, perversidade e maldade. Ao invés de o profeta Eliseu lidar com a situação com suas próprias mãos, Deus lhe deu ordens diretas para ungir um rei que seria a solução divina. Esse fato é bem significativo na história e revelou uma mudança completa de paradigma para a nação. Era o amanhecer de um novo dia.

Um condução implacável

Um dos discípulos dos profetas encontrou Jeú, ungiu--o com um frasco de óleo e deu-lhe uma ordem direta do Senhor para destronar a casa de Acabe e estabelecer novamente a justiça na nação. Depois que Jeú, finalmente, superou sua falsa humildade e compartilhou com seus colegas o que o profeta havia dito, eles tocaram a trombeta e proclamaram "Jeú é rei!" (2Reis 9.13). Então ele imediatamente se foi para cumprir esse importante mandato. Jeú foi caracterizado por conduzir seu carro de cavalos "como um louco", enquanto perseguia e cortava os poderes malignos e estabelecia a justiça em seu lugar.

Apesar de enfrentar governantes poderosos e dominantes que haviam matado homens justos que se opuseram a eles, Jeú não podia ser parado. A ousadia e temor do Senhor que nele havia demandava a atenção até dos mais ímpios. Ele foi implacável até concluir o trabalho de destruir para sempre todo membro da casa de Acabe, conforme a ordem que Deus lhe havia dado.

Em relação aos que se opuseram a ele, Jeú simplesmente deu o comando "passa para trás de mim", para que eles se juntassem a ele (2Reis 9.18,19). Um fogo de paixão com zelo queimava em sua alma para que a santidade fosse estabelecida e a nação se voltasse para o único verdadeiro Deus, com temor e reverência. Esse fervor se manifestou com uma indignação justa que silenciou os críticos, moveu os principais líderes a se juntarem à causa, destronou principados e condenou a nação por sua rebelião.

Por causa do posicionamento de Jeú, seu estilo de vida, atitudes e um coração buscando pureza e santidade, Deus encontrou um homem com quem podia entrar em acordo e alinhado à Sua natureza. Nossa resposta ao comando "sejam santos, porque Eu sou santo" é o que posiciona o nosso coração para receber o que está no coração do Senhor. Em outras palavras, a busca radical de Jeú por santidade trouxe a capacidade necessária para que ele recebesse o novo mandato de Deus para sua geração. Ele se tornou o porta-voz de Deus para estabelecer uma nova linha de autoridade e governo naqueles dias. Tudo começou a partir de um lugar de consagração e de um estilo de vida que era verdadeiramente separado.

O palco está pronto

Estamos em tempos como os de Jeú nos Estados Unidos e em boa parte do mundo. O espírito de Jezabel e a casa de Acabe estão governando em virtualmente toda esfera da cultura, incluindo governo, mídia, artes e até a igreja de uma certa forma. Isso não deveria nos surpreender. A promessa profética em Isaías 60 nos adverte: "A escuridão cobre a terra, densas trevas envolvem os povos" (Isaías 60.2, *NVI*). Os espíritos de pornografia, lascívia, aborto, homossexualismo, humanismo e perversidade estão sufocando o propósito desta geração inteira, e a voz de influência desses espíritos parece ficar a cada dia mais alta.

Os padrões de santidade e pureza na igreja estão mais baixos do que nunca, pois continuamos permitindo que o zumbido entorpecente da lascívia nos influencie e conduza à uma condição de mediocridade, impotência e passividade. O espírito do humanismo tem doutrinado o Ocidente, empoderando pessoas para escolherem o que é melhor para elas, enquanto a igreja está trabalhando cada vez mais duro para se tornar "relevante" e praticar a tolerância. Temos permitido que os limites sejam embaraçados em temas como o aborto, homossexualidade e outros. Além disso, as desculpas e "conversações" estão substituindo o fundamento irrefutável da verdade absoluta da Bíblia. Temos perdido uma faceta brilhante que nos distingue do resto do mundo e nos coloca em destaque: a *santidade*.

Uma névoa de confusão tem sufocado a sociedade e levado pessoas a mergulharem fundo em lugares de vergonha, depressão e desilusão com Deus e a igreja. Estudos e relatórios recentes sobre jovens de vinte e poucos anos lutando com pornografia, homossexualismo, depressão, bulimia e automutilação estão batendo os recordes históricos. O que podemos fazer para mudar este quadro de tamanha tristeza? Será que podemos crer que as coisas mudarão em nossos dias? Será que não devemos lutar agressivamente contra esses poderes dominantes pelo bem de nossos filhos e netos? Será que a igreja perdeu a sua identidade e chamado de ser separada, uma luz brilhando na escuridão, uma "cidade construída sobre um monte"? Será que Deus tem a solução para restaurar a estrutura moral das nações?

Reis e co-herdeiros

Creio que os tempos nunca foram tão apropriados para os Jeús desta época se levantarem e cumprirem o seu mandato divino. Esta época na história foi preparada para que os Jeús sigam em frente! Deus sempre tem uma resposta e uma contramedida que é facilitada pela ativação dos filhos e filhas que liberam as realidades do Reino. Esses filhos e filhas não terão manchas e brilharão mais claro que o sol do meio-dia. A estratégia de Deus não é apenas chamar os profetas e aqueles com ministério de tempo integral para serem a solução que traz a reforma. Esse era o caso de Elias, que era um profeta renomado de seus dias. Analisando historicamente, a busca de uma solução para uma enorme crise nacional com Acabe e Jezabel caía pesado sobre seus ombros. Mas assim como naquela época, a resposta de Deus hoje é nomear e ungir reis em lugares de autoridade para se levantarem contra a injustiça e qualquer coisa que impeça o povo de entrar na liberdade que Cristo pagou para que tivéssemos no Calvário.

Colossenses 2.10 exorta e recorda que todos os cristãos "receberam a plenitude" (*NVI*). Precisamos romper com um paradigma maligno de que os cristãos ainda não estão plenamente equipados a se tornarem solução e esperança para a escuridão que inunda o mundo. É imperativo entender que Jeú não era um profeta ou sacerdote, mas um herdeiro do trono. Esse mandato e chamado divino é para todos os co-herdeiros dos céus, para estabelecerem o domínio de Seu Reino na Terra. Isso está em concordância com a oração de Jesus em Mateus 6.10: "assim na terra como no céu".

Não podemos permitir que a desilusão endureça nosso coração e tire nossa sensibilidade nesta hora crítica. Uma bandeira precisa ser erguida! Conforme a escuridão está aumentando sobre a Terra e trabalhando para fazer desaparecer uma geração, precisamos viver segundo a realidade de como o céu vê a Terra. Isaías 60 também promete que ainda que a intensidade da escuridão aumente na Terra, "sobre você raia o Senhor, e sobre você se vê a sua glória" (Isaías 60.2b, *NVI*). Que impressionante esta imagem da luz radiante da Igreja expondo e vencendo a escuridão.

O Jeú maior

Infelizmente, Jeú não terminou os seus dias bem, e voltou aos pecados de Jeroboão. Contudo, ele era apenas um mero vislumbre e prenúncio de quem estava vindo à Terra para responder à crise generalizada da humanidade. Jesus é nosso exemplo perfeito, o "Jeú maior" que carregou esse mandato até sua conclusão derradeira. Esse cumprimento fez que as obras das trevas fossem destruídas, um Reino de justiça fosse estabelecido e a humanidade fosse finalmente liberta do pecado e da vergonha, sendo eternamente conectada com o Pai.

Além disso, Jesus mostrou uma indignação justa e impecável durante Seu ministério terreno. O exemplo mais proeminente ocorreu no dia em que Ele entrou em Jerusalém sob gritos e cânticos de "Hosana nas maiores alturas" e ramos de árvores (Mateus 21). Quando chegou ao templo, pegou todos de surpresa com o que aconteceu. Mesas foram derrubadas, um chicote foi usado para mandar embora vendedores ambulantes e suspender a profanação da Casa de Deus. Jesus estava estabelecendo um padrão mais elevado para a Casa de Seu Pai, consagrando-a como *uma casa de oração*. Eu quero desesperadamente ver essa cena repetida no cinema da história no céu algum dia! Quando os discípulos viram essa cena e a loucura que ela desencadeou, eles se lembraram das palavras de Davi no Salmo 69.9, que diz: "pois o zelo pela tua casa me consome, e os insultos daqueles que te insultam caem sobre mim" (*NVI*).

É interessante notar que os discípulos não relataram que Jesus estava apenas bravo e chateado. Eles reconheceram que Suas ações surgiram de um lugar de conexão e devoção profunda com Seu Pai. Todos estavam completamente hipnotizados por aquela demonstração santa e justa de zelo diante dos seus olhos. Jesus estava confrontando totalmente a impiedade e a indecência de Sua época. Ele estava movido por um amor e compaixão tão profundo pelas pessoas escravizadas pela devassidão que Ele não pôde evitar demonstrar Seu amor violento por eles.

Da mesma forma, precisamos nos levantar com uma resolução em nosso coração de, ousadamente, nos opor a toda área de indecência em nossa vida e de nossos amigos. Precisaremos de um amor violento e assertivo de Deus para deixar todos os outros amores menores e assim, persistentemente, buscar a Ele. Lembremos de nos vestir com compaixão para entender que nossa batalha não é contra pessoas, mas contra principados e poderes que os amortalham. A lascívia e a perversidade são forças agressivas que vêm para contrariar e abortar os planos de Deus para uma geração. Nós também precisamos ser agressivos em nosso espírito para desejar e buscar a santidade e a pureza com todo nosso ser!

Como foi relatado em Atos 4.33, os discípulos começaram a se mover em uma estação de avanço e empoderamento pelo Espírito, pois a "grandiosa graça" estava sobre todos eles. Essa mesma graça está chovendo sobre nossa geração, nos capacitando a superar todo vício, esquema e tentação do inimigo que poderia paralisar nosso coração com vergonha e esterilidade. Nossas boas intenções e disciplina de "linha dura" não são suficientes para nos manter puros. Precisamos receber a graça que nos foi dada pela cruz para vencer. Não podemos viver com nenhum senso de vitória fora dessa "grandiosa graça". Assim como Ele venceu, nós também podemos vencer.

Um novo zelo

Possivelmente, minha frase favorita de toda a história de Jeú, que tenho pregado e ensinado frequentemente nesses anos, está na parte final de sua história. Nesse momento,

Jezabel já havia sido morta, Acabe e toda a sua casa tinham sido destruídos, mas Jeú estava cavalgando em um ritmo ainda mais rápido e intenso. Quando encontrou um antigo amigo chamado Jonadabe, Jeú o convidou para juntar-se a ele na jornada, e lhe disse: "venha comigo e veja o meu zelo pelo Senhor" (2Reis 10.16, *NVI*). A demonstração externa de uma transformação interna através da consagração, santidade e pureza se manifestará com um novo zelo que ganhará a atenção do mundo. Pessoas são naturalmente atraídas a outras que têm paixão e vivem por uma causa maior do que suas próprias vidas. Quer seja no mundo da mídia, arte, política, dos negócios, ou em qualquer outra esfera da sociedade, o zelo e a paixão movem o coração das pessoas como nada mais poderia mover.

Um zelo autêntico enraizado em um coração puro claramente difundirá a mensagem do evangelho sem mancha ou ambição egoísta. O mundo não olhará mais para a igreja para zombar de sua hipocrisia. Estamos nos distanciando da retórica cristã, que tem apenas mascarado questões mais profundas de pecado que prendem a igreja Ocidental, tornando-a sem poder contra os males de nossos dias. Os padrões precisam ser elevados a um nível mais alto para que nos empenhemos em ter um estilo de vida irrepreensível, conforme Tito 2.7,8 exorta:

> Torna-te, pessoalmente, padrão de boas obras. No ensino, mostra integridade, reverência, linguagem sadia e irrepreensível, para que o adversário seja envergonhado, não tendo indignidade nenhuma que dizer a nosso respeito.

O texto de Romanos 12.11 também convoca cristãos a isso: "Quanto ao zelo, não sejam preguiçosos. Sejam fervorosos de espírito, servindo o Senhor.". Esse som do zelo autêntico que transborda de uma vida de consagração é a voz legítima que o mundo anseia em ouvir. É uma chamada de trombeta, ressoando as frequências da vida, fé, esperança e uma vida de separação. Assim como foi com Jeú, estamos em dias em que nosso zelo fervoroso ganhará a atenção até dos corações mais endurecidos. Eles correrão para ver o que está movendo uma geração a buscar a Deus com uma entrega tão radical.

Fascinação da MTV

Durante o primeiro ano em que o Burn 24-7 começou a realmente explodir nos Estados Unidos e transbordar até para a Europa, recebi um telefonema interessante de um produtor sênior da MTV. Até esse tempo, tínhamos visto a chama vertical da adoração, oração e missões apaixonada e fervorosa espalhando para 30 cidades: de Tulsa, Oklahoma para Fort Smith, Arkansas; de Virginia Beach, Virginia para San Francisco, Califórnia, e muito além. Algumas cidades eram grandes e bem conhecidas, enquanto outras eram menores e fora do lugar-comum. Entretanto, centenas ou até milhares de adolescentes e jovens com vinte e poucos anos inundavam essas fornalhas pelo país em vários fins de semana. Músicos, artistas, poetas e apaixonados por Deus frequentemente ficavam a noite apenas contemplando o Senhor e liberando suas canções de devoção. Ele, por sua vez, começou a revelar a verdadeira identidade e o belo destino de uma geração. O fogo apenas continuava a ficar mais quente e mais alto a cada encontro!

Pessoas vinham de perto e de longe com a expectativa de serem os vigias para os muros de suas cidades durante os turnos do meio da noite. Revistas bem conhecidas tiveram artigos que compartilhavam a história da rápida expansão do Burn 24-7, considerando que esses eram os primeiros sinais de uma geração com uma "tendência constante de se voltar para Deus". Era algo orgânico, puro, desorganizado e sem muita (ou qualquer) estrutura, mas Deus aparecia todas as vezes que nos encontrávamos nessas humildes fornalhas e parecia ficar até que o último acorde fosse tocado. Isso não aconteceu apenas em nossas comunidades do Burn 24-7, mas em inúmeras outras organizações, cidades e comunidades que experimentavam uma época semelhante de expansão e explosão enquanto faziam adoração ininterrupta, os sete dias da semana.

Esse produtor sênior da MTV, que não vou mencionar o nome, estava totalmente chocado ao ouvir as histórias do que estava acontecendo. Durante nossa conversa inicial por telefone, o povo da MTV ficou pasmo. Eles estavam buscando respostas reais, queriam saber por que esse fenômeno estava acontecendo. Era difícil para aqueles "*experts* em cultura" captarem a ideia de que jovens estavam renunciando a baladas, cerveja, sexo, drogas — e mais que tudo, aos programas televisivos da MTV nos fins de semana — para perder tempo orando e adorando a Deus! Eles mal podiam acreditar que nossos líderes de louvor e músicos praticavam a abstinência e faziam jejuns extensos de comida e de diferentes tipos de mídia. Eles me perseguiram com perguntas sobre o que estava atraindo essa multidão enorme das cidades norte-americanas todos os meses para orar e adorar por 24, 48 ou até 72 horas. Eu simplesmente expliquei a eles que uma geração inteira está verdadeiramente faminta para experimentar a presença autêntica de um Deus bem real.

Então foi minha vez de me intrometer com algumas perguntas que tinha. Perguntar porque eles haviam entrado em contato, como eles tinham ouvido sobre esse movimento (nem tínhamos um *site* naquela época!) e como eles conseguiram meu número de celular (que ainda me assusta um pouco). Eles começaram a explicar que a MTV estava fazendo estudos profundos, pesquisas e trabalhando duro para descobrir os hábitos e tendências de seus espectadores para encontrar novas estratégias de *marketing* para o ano seguinte.

O produtor relutantemente me informou que por três anos seguidos, uma pesquisa com seus espectadores revelou algo surpreendente. O questionário *online*, feito antes de iniciar uma nova temporada de programas, perguntava aos espectadores o que eles desejavam ouvir e ver mais na próxima estação. Por três anos seguidos, a resposta era sempre a mesma, de forma esmagadora. Surpreendentemente, o tema não era um vídeo escandaloso da Britney Spears, um *reality show* mostrando quem dorme com quem, ou mais fofocas sobre celebridades. Os espectadores estavam querendo saber mais sobre o verdadeiro e vivo Deus! Isso não é extremamente impressionante?

Por causa dessa fome consistente e contínua, os produtores e cineastas foram forçados a descobrir mais sobre as comunidades e movimentos "subterrâneos" que estavam alimentando esse desejo. De alguma forma e de algum jeito eles se trombaram com o movimento Burn e queriam conhecer mais. Eles comentaram que nosso próprio nome os atraía. Nós quase fechamos um acordo que permitiria uma enorme equipe filmar uma experiência Burn por 24 horas em uma de nossas cidades e transmitir como parte do *show* deles! Os planos e datas não casaram, mas nossa conversa continuou por muitos meses depois.

Existe algo na busca apaixonada por Deus e na postura de santidade que é apelativo, atrativo e impressionante para o mundo ao nosso redor. Ao invés de tentarmos nos misturar com a sociedade, parecer que somos legais e nos tornarmos "relevantes", os olhos do mundo estão buscando um exemplo diferente, de paixão autêntica, fervor e restrição sexual. Eles não se cansam de querer ver isso. Os primeiros sinais de uma revolução moral já estão sobre nós! Permita que essa história faça a fé explodir em seu coração e leve você a crer que o mundo está observando a sua busca por pureza.

É tempo de correr

Estamos sendo convocados a um estilo de vida radical de pureza e santidade em nossos dias. Isso será a marca definitiva de uma geração, levando-a a sustentar o maior mover que Deus já trouxe sobre a terra. Muitos recusarão o convite de se tornarem transparentes e reconhecerem suas falhas. Alguns até atacarão e zombarão dessa busca, rotulando-a de um mover de "religião morta", irrelevante para a sociedade. Precisamos, contudo, continuar a revelar essa busca por pureza pessoal, que só tem como vir do transbordar de uma profunda e intensa paixão por Jesus. A partir disso, um amor genuíno crescerá em nosso coração para "sermos santos como Ele é santo". Assim, testemunharemos aos cativos pelas prisões do mundo que eles também podem ser transformados da mesma forma que nós fomos.

O clamor do nosso coração é que sejamos consumidos pelo Fogo Consumidor. Queremos estar no lugar em que Ele habita, experimentar a plenitude do que Ele nos prometeu e queimar forte com uma chama pura e autêntica de amor, pureza e devoção, até o dia em que partirmos para estar com Ele para sempre. A passagem de Isaías 33.14-17 nunca foi mais notável para nos guiar durante esta jornada. Que ela seja a carga e o mandato para uma geração de corações queimando por todo o mundo!

> "...Quem de nós pode conviver com o fogo consumidor? Quem de nós pode conviver com a chama eterna? Aquele que anda corretamente e fala o que é reto, que recusa o lucro injusto, cuja mão não aceita suborno, que tapa os ouvidos para as tramas de assassinatos e fecha os olhos para não contemplar o mal, é esse o homem que habitará nas alturas; seu refúgio será a fortaleza das rochas; terá suprimento de pão, e água não lhe faltará. Seus olhos verão o rei em seu esplendor e vislumbrarão o território em toda a sua extensão." (*NVI*)

Ah! Deus, pedimos que o Senhor desperte a geração que está presa nos esquemas, pecados e perversidade de Jezabel. Leva-nos a queimar por santidade como o Senhor queima! Convoque os Jeús desta hora para se levantarem com ousadia, clareza, pureza e singularidade de coração para os dias em que vivemos. Que eles modelem e liberem esse zelo novo e atrativo pela casa do Senhor, movendo esta geração a restaurar a retidão, justiça e adoração em todas as nações do mundo. Pois verdadeiramente é a hora de correr e queimar "como um louco", destronando todo poder e espírito de Jezabel e Acabe e entronizando o Rei dos reis por toda a Terra!

O **dom** da fome
capítulo 15

Uma explosão de fome está surgindo no coração dos filhos e filhas que estão alimentado essa busca violenta dos propósitos e sonhos de Deus para esta geração. É o clamor simples, honesto e sem travas por mais! Em minhas viagens pelo mundo, visitando comunidades diversas em muitas nações, tenho testemunhado algo verdadeiramente notável. Estou incrivelmente deslumbrado com um grupo de pessoas que, em quase todas as cidades, está buscando cada vez mais profundamente, longe e alto do que eles já experimentaram no passado. Eles estão sonhando, crendo e alcançando uma maior medida de rompimento do que estavam vivendo. Essa busca por mais está fazendo que essas pessoas sacrifiquem e entreguem tudo, "perdendo suas vidas" para assim ganhá-las.

Muitos de nós temos experimentado um pouco do sabor de uma esfera maior de glória. Temos sido cativados com um lugar mais profundo de encontro com Ele e temos permitido que essa experiência transforme praticamente toda nossa vida. Estaremos arruinados para sempre se não tivermos a plenitude! Essa fome é verdadeiramente um dom de Deus e um gemido profundo agraciando muitas comunidades pelo mundo. Durante quase todos os encontros nos quais estive presente nesse último ano, quando a presença de Deus enche algum lugar, as pessoas não querem sair dali. É bastante comum terminarmos nossos encontros literalmente forçando as pessoas a saírem para trancarmos o lugar, pois eles querem ficar e absorver cada gota de glória! Nossas reuniões não são curtas também — muitas delas duram toda a noite ou até dias! Amo demais como Deus invade nossas igrejas, ministérios, programas e reuniões de oração de tal forma que não precisamos coagir e tentar manipular as pessoas a ficarem mais tempo. Estamos vivendo dias em que apenas deixamos o desejo desesperado por mais atrair as pessoas para mais profundo.

Viagem pela Europa

Alguns meses atrás, voltei de uma das viagens mais exigentes e maravilhosas da minha vida. O Senhor nos deu uma palavra para juntarmos uma equipe de jovens músicos habilidosos, profetas, intercessores e avivalistas no continente da Europa para uma viagem de seis semanas, a fim de saciar os famintos e levantar os caídos. O propósito era liberar um som de despertamento e vida na esterilidade fria do continente. Fomos comissionados do céu como "profetas da esperança" para aquela hora. Assim como o Senhor enviou Jaaziel a Josafá em 2Crônicas 20.14,15 para dizer "a batalha não é de vocês, mas de Deus" (*NAA*), quando os exércitos do inimigo estavam se juntando contra eles, também fomos enviados para transmitir essa mesma mensagem aos corações queimando pela Europa. A estratégia nos dias de Josafá é a mesma estratégia de hoje, pois a atmosfera da adoração da sala do trono é o que realmente traz a vitória.

Uma equipe de 11 revolucionários viajou comigo para mais de seis nações, ministrando durante trinta e seis dias seguidos, sem descansar um dia sequer! A viagem foi extremamente cansativa, mas inacreditavelmente frutífera e cheia de testemunhos lindos e radicais. Nossa equipe estava tocada e impressionada com a fome surgindo pelo continente. Foi algo surreal e surpreendente para nós. Quase todas as noites as reuniões estavam cheias de líderes, pastores, adoradores, músicos, intercessores e artistas ansiando por mais de Deus. Muitas pessoas vieram de carro ou trem, viajando dez horas! Isso é uma inconveniência monumental para a Europa, sem dúvida algo incomum. Quer fosse num centro de conferências lotado com 5 mil adoradores, gritando na Holanda, ou uma agência de correios transformada em sala de oração lotada com 50 pessoas em Gales, todas as noites havia uma forte demanda para que os céus correspondessem à fome do povo de Deus. Nós testemunhamos milagres e curas originais, salvação, encontros celestiais e momentos em que não sabíamos se havia como contemplar mais glória, porque poderíamos explodir!

Sempre há mais

Quando, finalmente, ao final dessa expedição épica, voltei para casa para respirar um pouco antes de minha próxima viagem, eu estava deslumbrado. Olhei para o teto da minha casa, completamente exausto. Durante aqueles dias de viagem, eu dirigia a equipe e todos os nossos equipamentos de cidade em cidade em um micro-ônibus de 18 assentos. Eu dirigia por rodovias e rotatórias, tentando lembrar que devia permanecer no lado esquerdo da rua. Durante a noite, eu facilitava todos os encontros, inclusive liderando boa parte do louvor e da pregação, e ajudando a liberar a unção pela oração. Toda minha energia, som e revelação fora derramado pelas nações durante aquelas seis semanas, e eu não tinha nada mais para dar. Eu estava ponderando sobre as memórias e os momentos em que Deus mudou, rearranjou e invadiu nosso avião, trem e passeios de ônibus, assim como as comunidades que foram marcadas, reacendidas e incendiadas durante nossa visita. Memórias sobre encontros profundos com a glória de Deus vinham à minha mente, sobre noites em que fui literalmente jogado ao chão pelo peso denso da presença divina. Enquanto refletia sobre isso naquele dia, em um momento de exaustão, o Espírito Santo sussurrou algo no meu ouvido que era tão suave e gentil, mas absolutamente provocador à essência do meu ser.

Ele disse: "Você ainda está com fome, Sean? Porque sempre há mais.".

Ao sentir a frequência dessas palavras, meu corpo inteiro foi amortecido e inundado com uma paixão fervorosa que surgiu em algum reservatório escondido de minha alma. Desmoronei no chão e chorei diante do Senhor pedindo a Ele pelo dom da fome para continuar buscando. Fiz orações muito fortes e lutei por meu espírito, minha família e o exército de guerreiros do Burn 24-7 ao redor do mundo, para não deixarem a fatiga, a exaustão e o convívio trazerem apatia, complacência e conforto em nossa vida e ministério. Devemos permanecer famintos, desesperados e vorazes pela presença d'Ele! Há sempre mais e nunca será possível exaurir os recursos, a energia e revelação do céu. Há um fornecimento abundante sempre que precisarmos!

O mover na China

Uma visita à China no ano passado, quando passei duas semanas com a lendária igreja subterrânea, tocou intensamente meu coração com um novo clamor pelo dom da fome sobre a minha vida. Ouvi histórias sobre o mover explosivo da presença de Deus na nação, apesar da perseguição imensa e abrangente. Até as estatísticas mais conservadoras demonstram que mais de 10 mil chineses estão vindo para Jesus por dia! Esse movimento atual é um dos maiores relatos de salvação generalizada em um avivamento na história! Que tal essa verdade quebrar a dúvida em seu coração e silenciar a incredulidade? Isso tem sido qualquer coisa menos um movimento singular e contido. A explosão do Reino de Deus tem mudado a cultura chinesa, inclusive o seu governo, e tem reformulado toda aquela região! Antes, a China era o epicentro do comunismo no mundo, hoje ela está sendo transformada em um terreno fértil para o avivamento.

A medida do rompimento que os chineses estão experimentando e vivendo tem liberado fé, esperança e perseverança no coração da Igreja pelo mundo. Esse mover atual é um sinal maravilhoso de que um rompimento semelhante está vindo em breve para outras nações presas a uma escuridão intensa e duradoura. Com isso, fica provado também que nenhuma nação, fortaleza, governo ou fronteira pode afastar ou segurar o mover do Espírito. Ele é um Fogo Consumidor que ilumina tudo em Seu caminho!

Explosão em Pequim

Então, qual é a verdade sobre a igreja na China, Índia, no Nepal e outros lugares onde o evangelho está explodindo em dimensões nunca vistas antes? Será que Deus os ama mais do que ama as igrejas do Ocidente? Será que Ele já deixou a Europa para trás? Será que os Estados Unidos já viveram seus melhores anos, durante os dois primeiros Grandes Despertamentos? Qual é o ingrediente principal que distingue o mover na China? Essas eram as perguntas que queimavam em meu coração, enquanto viajava para descobrir as respostas. Tudo ficou mais claro para mim em 8 de agosto de 2008, na capital da China, Pequim. Na verdade, foi um murro na boca do estômago, com o impacto de uma tonelada de tijolos. Eu jamais esquecerei esse encontro!

As nações do mundo estavam reunidas no estádio Olímpico para a cerimônia de abertura dos Jogos Olímpicos de 2008. Era claramente o maior evento da história moderna da China, que exibia ao mundo a força de sua economia pujante, de suas enormes forças armadas e de sua sociedade aparentemente "diplomática". O mundo inteiro estava convidado a espiar por trás do véu comunista por algumas semanas. Havia mais de 100 mil tropas armadas em regimentos rigorosos e apertados em praticamente todas as ruas principais da cidade. Eles tinham tanta força sobre essa movimentada metrópole de 15 milhões de pessoas, que ninguém podia sequer cruzar uma rua se as forças armadas não permitissem tal ação! Foi uma das coisas mais insanas que eu já vi!

Cerca de seis meses antes da viagem, eu havia tido uma visão intensa com uma carga vinda do Senhor. A ordem era ajudar a mobilizar um encontro regional e reunir adoradores apaixonados de toda a nação da China para liberar um "ataque" estratégico de vinte e quatro horas de adoração e oração. Isso era para acontecer em perfeita sintonia com o momento em que a tocha olímpica seria acesa em Pequim. Então ali estávamos nesse dia de novos começos, no quarto 8.8.8. Estávamos escondidos em um quarto subterrâneo, "no porão", sem vista para fora e com duas entradas secretas separadas.

Face a face com uma fome pura

Não havia ventilação, ar condicionado ou nenhum tipo de circulação naquele quarto. Centenas de apaixonados vorazes liberavam uma fragrância de adoração, derramando aquilo que tinham de melhor aos pés de Jesus. Foi um encontro de adoração quente, grudento, abafado, suado, mas o mais bonito de que já participei até aqui. Pastores viajaram de muito longe, até da fronteira com a Mongólia, para fazer parte desse encontro estratégico. Alguns deles tinham até "visitado" uma cela de prisão múltiplas vezes em seu caminho para a capital. Um pastor observou que era comum ficar em uma cela por cerca de uma semana durante essas viagens. Por causa disso, ele saiu duas semanas antes apenas para ter certeza de que chegaria a tempo! Que mentalidade! Muitas pessoas no Ocidente não vão a um culto na igreja ou reunião de oração se o clima está apenas um pouco chuvoso. Mas a fome e o desespero dessas pessoas queimando no subsolo os leva a arriscar a própria vida por um momento coletivo de concordância na rica presença de Deus.

Essa postura e sacrifício é tão atraente para Deus que Ele não deixa de visitar e mover-se em favor dessas pessoas! No mesmo momento em que 4,7 bilhões de pessoas (70% da população global), a maior audiência televisiva na história (até então), assistia à iluminação da tocha olímpica naquela noite, nossa equipe estava amassada em meio a centenas de guerreiros chineses em uma construção subterrânea na periferia da cidade. Estávamos acendendo nossa chama de amor e paixão a Deus que chamaria Sua atenção para aquela cidade enquanto o mundo a observava.

Expondo meu próprio coração

Fui designado para abrir a parte inicial da noite, começando o encontro. Contudo, tive um certo problema em minha mente naquela noite. Eu não sabia quase nada de mandarim e estava imaginando como que seria capaz de liderá-los, sendo que quase nenhum deles falava ou entendia o inglês. Pensei que poderia fazer alguns acordes cantando "Yesu" ("Jesus" em Mandarim) e "Aleluia" (mesma pronúncia em todas as línguas) para começar. Eu esperava que isso duraria por umas duas horas de meu período. O que não consegui perceber é que não existe algo como "liderar louvor" com esses corações chineses queimando! Depois de um acorde do violão, eles pouco estavam se importando com o que eu estava cantando ou tocando. Eles se perderam adorando no lugar da sala do trono, cativados pela beleza, santidade e pelo esplendor da face de Deus.

Nunca havia testemunhado uma busca tão instantânea. Aquele lugar todo entrou em erupção com louvor alto, celebração e choro; muitos deles estavam prostrados na presença do Senhor. Jamais havia sido tão convencido de que um grupo de adoradores estava genuinamente apaixonado por Jesus como quando tive aqueles adoradores diante de mim, naquela noite em Pequim. Esse único encontro que tive com eles mudou minha vida. O Senhor falou comigo que esse componente de fome pura era o que distinguia a igreja da China e era o elemento principal, o motivo de Ele estar movendo tão poderosamente no meio deles.

Uma realidade sóbria despontou em meu coração. Eu tinha de aceitar que essas pessoas eram simplesmente mais famintas por Deus do que eu era. Apesar de isso soar como severo e crítico, foi algo que se provou verdadeiro em minha vida naquele dia. Minha falta de paixão, dureza de coração e "rotina" mundana de ministração foi exposta como um pretexto para o verdadeiro anseio por Deus que eles possuíam.

Reconheci minha necessidade diante deles e caí no chão em uma poça de lágrimas, pedindo a Deus para despertar em minha vida o mesmo dom da fome da igreja chinesa! Isso é o que acontece quando começamos a construir nossa vida a partir de um lugar de fome pura. Todas as nossas fraudes ou desculpas que poderíamos juntar para disfarçar os verdadeiros anseios de nosso coração são expostas. Alguma coisa foi infundida no DNA do meu espírito naquele dia. Eu nunca mais fui o mesmo desde então.

Pedindo pelo dom

Sem esse dom da fome sendo liberado em nossa vida, não temos ideia do que estamos perdendo! Há níveis e profundidades com Deus que apenas podem ser acessados por um anseio sincero de conhecê-lO mais do que nossos títulos, cronogramas, caixas, confortos e ideias religiosas. O rei Davi é um exemplo perfeito de um homem que tinha muita bênção, provisão, poder, sabedoria e favor em sua vida — segundo padrões humanos! O que mais um homem de seu porte poderia desejar? Mas ele continua se colocando num lugar de fome. Ele é citado no Salmo 63.1 dizendo: "Ó Deus, tu és o meu Deus forte; eu te busco ansiosamente; a minha alma tem sede de ti, meu corpo te almeja, como terra árida, exausta...".

Davi tinha uma revelação divina: o Espírito de Deus é atraído por nosso clamor faminto e responde a ele. Acredito que essa foi exatamente a revelação que o fez ser chamado de "um homem segundo o coração de Deus". Isso fez que Davi fosse dependente de cada palavra que vinha da boca do Pai e não dependesse de sua própria habilidade, performance e dons, mas buscasse a face do Senhor como uma novidade de cada dia.

Estamos famintos

Somos um povo que vive dias de extrema necessidade de que a glória manifesta habite em nosso meio. Nestes dias, não podemos simplesmente contar com uma boa teologia, conceitos e estratégias — precisamos que Ele apareça!

Uma grande pioneira e precursora da fé, Heidi Baker, compartilhou comigo recentemente que gasta um terço de sua vida se derramando e ministrando para a igreja Ocidental. Ela disse que não tem desejo de gastar tanto tempo com um povo que ela sentia que já tinha tanto, enquanto o resto do mundo tinha tão pouco. Estatísticas mostram que 95% de todos os recursos do cristianismo estão dentro das fronteiras dos Estados Unidos, apesar de o país conter apenas 5% da população mundial. Então Heidi foi conduzida a uma visão aberta que mudou todo o seu paradigma de ministério e permitiu que enxergasse a verdadeira realidade e uma nova perspectiva global. A visão foi de uma criança malnutrida, definhando e morrendo de fome com uma barriga enorme cheia de parasitas. Acima da visão, ela viu as seguintes palavras: "A Igreja Ocidental". A parte mais triste dessa visão era que a criança malnutrida não tinha nem ideia de que estava morrendo.

Essa visão representa adequadamente a realidade que temos testemunhado nas nações ocidentais durante os últimos anos. As pessoas estão literalmente morrendo de fome em meio a uma sociedade louca por consumismo, conduzida por uma cultura *pop* e pela mídia. Ainda que pareçamos ter todos os recursos, livros e palavras proféticas bem na ponta de nossos dedos, a única comida que pode satisfazer é o pão da presença de Deus. Isso é o que está faltando em nossas igrejas, serviços, casas, famílias e cidades. No passado, pensávamos que a igreja e até os perdidos desejavam programas chamativos e agendas cheias de brilho. Realmente acreditávamos que essas coisas eram "ferramentas" para atrair uma geração desiludida para ouvir confortavelmente mais sobre Deus. Contudo, o que está se tornando mais evidente em nossos dias é que, de fato, estamos todos famintos por um encontro divino com a própria Pessoa de Deus. Até os perdidos estão buscando em lugares altos e baixos, gastando bilhões e trilhões, indo para cá e para lá, tudo para encontrar um amor que não lhes falhe. Essa fome está crescendo conforme a criação verdadeiramente anseia por Ele!

Deus é para ser experimentado; não devemos apenas falar d'Ele. Estamos testemunhando uma quantidade impressionante de corações famintos inundando nossas sessões de 24, 48 ou até 100 horas de adoração e oração ininterrupta, com todas as denominações, origens, etnias e caminhos da vida, desejando fartar-se da "abundância da tua casa" e beber profundamente "na torrente das tuas delícias" (Salmos 36.8). É lindo ver que a identidade, o denominador comum e a "linguagem do Espírito" que nos une nessa busca é sentar aos pés do Senhor em adoração. Uma fome genuína está nos atraindo para ir mais fundo no lugar do encontro.

Hoje, permita que esse dom da fome o levante em seu espírito e o leve a essa bela busca pela face de Deus! Peça ao Espírito Santo para liberar essa graça em você para ir mais fundo, alto e longe com Ele para o lugar onde Ele habita. Ainda que não sinta isso agora, deixe que o Senhor exponha você a esse choro que há em todo coração humano. Deixe que Ele o guie à Sua profundidade. Há um reservatório infinito de recursos, visão, paixão, orientação e resistência no lugar da presença d'Ele. Apenas precisamos continuar famintos e pedindo por isso. Ele está mais do que disposto e é capaz de nos conceder os desejos de nosso coração, como promete em Mateus 5.6: "Bem-aventurados os que têm fome e sede de justiça, porque serão fartos.".

Fogo!

capítulo 16

Ao concluirmos este livro, queremos deixá-lo com uma palavra: FOGO! Não apenas empolgação ou retórica carismática, mas fogo puro! Um coração cheio de fogo, uma vida que libera fogo por onde vai. Por duas vezes na Bíblia vemos a imagem de Jesus como um Homem com fogo queimando em Seus olhos. Conforme vamos nos aprofundando em intimidade profunda com Jesus, o fogo em Seus olhos se torna a única paixão que nos consome. Nosso desejo é contemplar Seus olhos e sentir a paixão de Seu coração. É a mesma paixão que O levou para a cruz, que conquistou a morte e que O trará de volta para Sua Noiva gloriosa no final dos tempos, para uma ceia de casamento e consumação de intimidade eterna e face a face! O fogo em Seus olhos pegará em nosso coração e começará a queimar toda palha que compete por nossa atenção e afeição. Quando a palha é queimada, o que sobra é fogo puro!

Corações Queimando

Dois homens estavam caminhando em uma estrada, conversando profundamente sobre os eventos que haviam acontecido nos dias anteriores. Conforme continuavam em seu caminho, um estranho se aproximou e perguntou sobre o que eles estavam falando. Para seu espanto, aquele homem parecia não saber dos acontecimentos recentes em Jerusalém, a respeito da morte de um profeta chamado Jesus de Nazaré. Deixando-os tomados de perplexidade ainda maior, esse homem passou a explicar mais sobre o homem Jesus do que eles sempre souberam! O entusiasmo com o novo amigo e a companhia que eles desfrutaram os levou a convidar o homem a passar aquela noite com eles. Ao participarem de uma refeição juntos, começaram a partir o pão e, naquele momento, seus olhos foram abertos para ver a verdadeira identidade de quem estava com eles à mesa. No mesmo instante, Jesus miraculosamente desapareceu! Eles se olharam totalmente chocados e disseram: "Não estava queimando o nosso coração, enquanto ele nos falava no caminho e nos expunha as Escrituras?" (Lucas 24.32, *NVI*).

Poderia parafrasear da seguinte forma: "Como foi possível não percebermos que era Ele? Ninguém mais poderia fazer nosso coração queimar como aconteceu enquanto Ele estava presente conosco!"

Despertar global

Acredito que estamos no meio de um despertar coletivo global para a presença de Jesus. Creio também que nosso coração está começando a queimar como nunca antes. Familiaridade, mediocridade e uma vida comum não são mais suficientes. Até o que temos definido como "radical" parecerá algo apático quando comparado ao Espírito de sabedoria e revelação atingindo nosso coração como um raio, acendendo um fogo que não pode ser apagado e que nenhum rio pode aplacar.

Agora mesmo uma geração está surgindo na Terra. São homens e mulheres de Deus que, durante a história, têm vivido em intimidade, fervor e conhecimento por Deus até às últimas consequências. Eles sempre existiram durante toda a história e estão explodindo em nossos dias de tal forma que a palavra "remanescente" não faz jus ao tamanho desse exército global. Não são mais cem profetas escondidos em uma caverna, como nos dias de Elias (1Reis 18.4), mas milhões de cristãos cheios de fogo e fé, habitando nas vilas, cidades e nações!

Os negócios como de costume não funcionam mais. Jesus não morreu para que tivéssemos uma reunião de domingo à noite ou um clube cristão organizado. Ele morreu por fogo! Ele veio ao mundo para trazer fogo, mas o mundo não estava pronto. Quando Ele deixou o mundo, a Terra estava preparada, então o fogo caiu! Por 2 mil anos, esse fogo tem se espalhado pelas nações. Hoje vivemos em dias de expansão como nunca antes na história humana! Agora mesmo, enquanto escrevo, estou sentando em nossa pequena tenda de adoração e oração no campus da JOCUM, em Kona, ao som de cristãos apaixonados e famintos adorando a Deus e clamando por mais fogo em sua vida do que sempre tiveram. Ah! nossa fome é para tanto mais! É preciso haver mais! Não é este o clamor profundo do nosso coração? Este é o clamor do coração de Deus. Agora é a hora! O que estamos esperando? O fogo chegou! O fogo está aqui! Vamos nos permitir ser consumidos!

Agora que já leu as histórias, encontros e conceitos que nos guiaram nessa jornada profunda rumo ao Fogo Consumidor, desafiamos e convidamos você a começar a implementar na prática o sonho de sua vida. Seria incrível se você se juntasse à uma comunidade crescente de missionários adoradores. Isso lhe daria uma conexão e apoio imediato para buscar mais. O Burn 24-7, a JOCUM e outras diversas organizações, comunidades e igrejas pelo mundo são um grande ponto de ignição. Eles providenciam um excelente treinamento, mentoria e apoio para defender a causa nesta geração. Uma estação consagrada e focada de busca a Deus ajudará você a construir um fundamento e a cultivar um estilo de vida que durará enquanto viver.

Ainda assim, muitos de vocês são chamados a serem pioneiros desse sonho onde ele ainda não existe, ou onde ainda talvez nem tenha um remanescente se reunindo. Isso pode ser nas selvas do Bornéu, Indonésia; no deserto árido do Iêmen, nas montanhas Himalaias, no Butão; ou nos bairros de Beverly Hills. Deus está convocando um povo com fogo para todos os povos ainda não alcançados na Terra. Ele também está derramando provisão, graça e os relacionamentos para tornarem esse sonho realidade. Este é o caminho da rua menos viajada; é uma jornada necessária, que traz plenitude e estabelece o Reino do céu na Terra!

Antes de subir aos céus, Jesus nos comissionou a espalhar fogo aos confins da Terra. Não há nação, tribo, língua, cadeia montanhosa, esfera social ou uma fenda escondida neste mundo que esteja imune desse enorme fogo sendo liberado, de corações queimando nesta geração. Um bom lugar para começar seria fazer a si mesmo algumas perguntas sérias: O que Deus está chamando você para fazer no longo prazo? Pelo que você tem tanta paixão que estaria disposto a fazer isso até a morte? O que faz você ficar acordado e sonhar durante a noite? Qual esfera, região ou causa Deus tem gravado em seu coração?

Ainda assim, você não pode parar aqui. É necessário começar a perguntar como esses sonhos podem se tornar realidade. Onde você está semeando seu tempo, dinheiro e energia? Que prioridades você tem estabelecido para si mesmo nesta estação, a fim de andar em direção ao maior chamado de sua vida? Você está disposto a assumir riscos que são sempre requeridos dos que desejam ver o Reino sendo liberado?

Identidade, propósito e chamado não são descobertos em livros, sermões, programas de dez passos, mas apenas no lugar de Sua presença, onde criatividade, revelação e uma atmosfera de "céus abertos" estão sempre disponíveis.

Em Provérbios 29.18, temos a seguinte exortação: "onde não há revelação divina, o povo se desvia" (*NVI*). É a revelação de estarmos com Ele e contemplá-lO que nos levará a perder a própria vida por causa desse amor. Se esperamos trazer qualquer tipo de transformação a este mundo decaído, esse sonho de viver uma vida centrada na presença do Senhor precisa se tornar realidade. A presença d'Ele é a única estratégia que temos; é dela que todas as respostas, curas, restaurações, romperes e orientações fluem. Nesta estação, precisamos ser um povo que cultiva um estilo de vida de respirar, transpirar e trabalhar no lugar da presença de Deus, pois os amigos de Deus sempre são os melhores trabalhadores. O esforço, a performance e o trabalho para obter atenção e afeto das pessoas precisam morrer em nós. Não sobra nenhuma escolha para nós a não ser simplesmente cair no fogo divino e permitir que o amor do Pai nos queime profundamente.

Na presença de Deus, Seus sonhos se tornam os nossos sonhos. Na presença d'Ele, nossa motivação para trazer Seu Reino é liberada de um lugar de intimidade. Conforme isso acontecer, **vá**! Seja obediente! Mantenha a simplicidade disso! O que Deus está dizendo? Faça! Colocar em prática os sonhos Deus é tomar um simples passo de obediência após o outro. Ouça a voz d'Ele e dê um passo! Vale a pena viver e morrer por esta causa!

Ah! Deus, coloque-nos como um selo sobre o Seu coração. Como um selo em Seu braço. Pois nosso amor pelo Senhor é tão forte quanto a morte, e o ciúme é tão inflexível quanto a sepultura. Ele queima como **um fogo resplandecente**! Como a própria chama de Deus!

> Nem muitas águas conseguem apagar o amor; os rios não conseguem levá-lo na correnteza. Se alguém oferecesse todas as riquezas da sua casa para adquirir o amor, seria totalmente desprezado. (Cântico dos Cânticos 8.7)

Ah! Deus, levanta uma geração com fogo no coração! Fogo nas palavras! Fogo nas ações! Fogo nos olhos!

Nossa oração é que este livro simples, com histórias e ensinamentos simples, possam ser um fogo motivador que preencha o seu coração com revelação e fé sobre o que estamos prestes a viver. Que ele alimente o fogo que já existe em seu coração! Permita que ele o leve a encontrar o seu lugar no muro, seu lugar no Reino, seu fogo e sua fragrância!